絞り出し ものぐさ精神分析

岸田秀

青土社

絞り出し　ものぐさ精神分析　目次

1

絞り出し　ものぐさ精神分析

1

敗兵たちの亡霊

いつ頃からか、どういうわけか、敗兵たちの亡霊がわたしの心のどこか底のほうに住みついたらしく、ときどき浮かびあがってきて、彼らが死んだ現場にあたかもわたしがいたかのように、さまざまなシーンが生々しく想像される。想像されるシーンの結末は決まっていて、斬られるか、弾に当たるか、焼かれるか、礫かれるか、飢えるか、凍えるか、病むか、溺れるか、疲れ果てるか、突かれるか、出血多量か、生き埋めになるか、酸欠になるか、自爆するか、自決するか、いずれにせよ、みんな死ぬ。

一）六六三年八月　白村江にて、唐軍が放った火の矢で燃えさかる船から水中に飛び込んで溺れる倭兵

二）一一八五年三月　壇ノ浦にて、義経の戦略に翻弄される宗盛麾下の平家水軍
三）一六三七年一〇月～一六三八年二月　島原の乱にて、幕府軍に包囲され、オランダ船に砲撃され、原城に立て籠もる一揆の農民と浪人
四）一六六九年六月　松前藩に対して蜂起したシャクシャインが率いるアイヌの戦士たち
五）一八六八年八月～九月　鶴ヶ城にて、西軍の圧倒的火力にさらされる会津藩士
六）十九世紀後半、最新式の銃を装着した圧倒的な連邦軍騎兵隊に立ち向かうスー族とアパッチ族
七）一九四二年六月　ミッドウェイにて、沈みゆく赤城以下四隻の空母の乗組員
八）一九四二年八月　ガタルカナル島に上陸する一木支隊
九）一九四三年五月　アッツ島にて、バンザイ突撃をする山崎部隊
十）一九四四年三月～七月　インパールへ攻め入ろうとしたが、補給がなく飢えに苦しむ第十五軍とインド国民軍の将兵
十一）一九四四年六月　マリアナ沖海戦に出撃する訓練不足の帝国海軍少年航空兵
十二）一九四五年三月～六月　沖縄戦にて必死に戦うひめゆり部隊と鉄血勤皇隊

喜び勇んで出陣したか、あるいは巻き込まれて戦わざるを得なかったか、いずれにせよ、こと志と違い、戦さに敗れ、無数の兵士が晴らしようのない無念の思いを残して死んだであろう。

それらの無数の無念が亡霊となって、その辺に漂っているような気がする。亡霊は、一度死んだのだから、二度死ぬことはなく、いつまでも漂い続け、たまたまにか、必然的にかは知らないが、わたしの心にいつの間にか忍び込んで住みついたように、歴史が続く限り、これからも誰かの心に忍び込んで住みつくであろう。亡霊がいなければ、人間は過去を思い出すことはなく、過去を思い出すことがなければ過去はなく、過去がなければ、人類に歴史はない。

（『MONKEY』創刊号、二〇一三年一〇月、スイッチ・パブリッシング）

原発と皇軍

東日本大震災とそれによる津波は天災であって回避できないことであったが、それがもたらした甚大な被害、とくに東京電力の福島第一原子力発電所の爆発事故による放射能漏れの被害は人災の面が大きく、関係者の対策如何によって避け得たか、または少なくともはるかに低い程度にとどめることができたと思われる。

わたしのように第二次大戦中に少年期を過ごし、もう少し早く生まれていれば、兵士になって戦死したか餓死したかの世代の者は、写真で見ただけであるが、津波に襲われた地域の光景と空襲で破壊された市街地のそれとがよく似ていることもあって、おのずと東日本大震災の被害から大東亜戦争の被害を連想する。大東亜戦争における日本人の死者は、非戦闘員も含めて、三百十万人、今回の震災の死者および行方不明者はその百分の一程度だとのことであり、その規模は大いに異なるが、関係者の間違った判断、浅はかな判断が、招かずにすんだかもしれない被害を招いた点、あるいは、はるかに少なくすんだはずの被害をいたずらに大きくした点では共通しているところが非常に多いのではないかと思われる。

自閉的共同体の寄せ集めだった日本軍

敗戦後、わたしは、ミッドウェイ、ガダルカナール、インパールなどでの日本軍の惨敗を知るにつれ、なぜ日本軍はこのような負ける戦いをしたのかという疑問が心の隅にひっかかり続け、そのうち忘れるだろうと放っておいたが、やはり気になってしかたがないので、あるとき決心して遅々としてではあるが集中的に戦争の記録を読み始めた。

そこで気がついたことをあれこれの文や本に書いたので、詳しくはそれらを読んでもらうしかないが、要するに、日本軍の惨敗には多くの原因があるが、第一の重要な原因は、日本軍が多くのばらばらな自閉的共同体の雑多な集まりであって、一つの確乎とした目標をめざし、彼を知り己を知り、情勢全体を視野に収め、統括する統合された団体ではなかったということにあった。わたしがいつも強調しているように、自閉的共同体は視野狭窄に陥っていて、そのメンバーの安全と利益しか眼に入らず、共同体外の者がどうなろうと無関心なのが特徴である。

とくに陸軍と海軍が仲が悪かったのは有名で、陸軍がある作戦で海軍の協力が得られないので、海軍なんか当てにしていられないとばかりに、陸軍独自の潜水艦を製造したという信じられないような話があるぐらいである。こういう例もある。海軍は、台湾沖航空戦で敵の空母十一隻、戦艦二隻、巡洋艦三隻などを撃沈したと発表し、後でそれが誤認であることに気づいたが（実際には巡洋艦二隻を大破しただけであった）、海軍が面子を失うのを恐れたためか、そのことを陸軍に通知しなかった。海軍の発表を信じた陸軍は、誤報に基づいて作戦を変更してレイテ島の攻防戦を戦い、消滅したはずの敵の大軍の砲撃に晒されて、いたずらに大損害を出してしまった（敵にはほとんど損害を与えることなく、八万名近くが戦死）。しかしまた、陸軍は陸軍として、海軍は海軍としてまとまっていたわけでもなく、それぞれの下部組織もばらばらであった。

たとえば、一九四三年四月、山本五十六連合艦隊司令長官の搭乗機がソロモン諸島上空でアメリカ軍機に撃墜されて、長官が戦死したとき、軍は、長官の飛行予定を友軍基地に知らせた暗号が解読されたのではないかと考え、暗号班に調査させたが、暗号班は調査の結果、暗号が解読されたはずはないと結論した。そのため、その暗号を使い続けた海軍の作戦はその後もアメリカ軍に筒抜けであった。暗号班は、暗号が解読されたと認めると、暗号を作成した暗号班の上司や同僚の落ち度が明らかになるので、心のどこか隅のほうで気づいていても、無意識的にタブーが働いて、暗々裡のうちにそれを認めることを避けたと考えられる。暗号班の調査員が事態を明確に認識していながら、上司や同僚を守るために、意識的にあえて暗号が解読されたことを否認したのではない。そこが恐ろしいところである。日本の暗号は、外交関係のものも、軍事関係のものも、日米開戦前からアメリカ当局に解読されていた。長官の搭乗機が撃墜された事件は、そのことを知る絶好のチャンスだったのに、日本はみすみすそのチャンスを逃がしてしまった。

海軍だけでなく、陸軍においても、たとえば、日米戦争が始まって、他の部隊がシンガポール陥落やインドネシア占領で華々しい戦果をあげ、国民の称賛を得ているのに、わが部隊が何もしないのはつまらないと、中国戦線のある部隊は、当面、太平洋方面の作戦を重視した大本営の方針に反して、無用な攻撃作戦を遂行し、無用な損害を被ったりした（長沙作戦）。国としての全体的戦略のことよりも、わが部隊の戦果が重要なのである。

戦後の自閉的共同体の系譜

自閉的共同体の弊害は日本軍だけでなく、たとえば、血友病患者に非加熱製剤を売り続けて大量のエイズ感染者を出したミドリ十字、それを容認した（旧）厚生省や、福知山線の脱線事故を起こしたＪＲ西日本など、多くの組織にも見られる。厚生省と厚生官僚の天下り先であるミドリ十字の自閉的共同体がその利益を守るために千数百人の血友病患者を犠牲にしたことについてはすでに述べたことがあるので、ＪＲ西日本について言えば、電車が事故現場の急カーブの線路でスピードを出し過ぎれば脱線する危険があるのではないかと気づいた社員は何人かいたらしい。しかし、その指摘は社長のところにあがっても、無視されたらしい。なぜ、社長は無視したか。もし、その指摘を社長が無視せず採用し、電車がある程度以上のスピードを出せないようにする装置を設置したとしたら、彼は、尊敬している前社長、前々社長など先任者の怠慢、過失を明るみに出すことになり、ＪＲ西日本という会社が代々賢明な社長によって経営されてきているという共同幻想を崩してしまうことになる。謙虚な彼は先任者を侮辱するそのようなおこがましいことはしたくなかったのである。彼が社長にとどまるためには共同体の和を乱してはならない。もし、脱線の危険をしつこく指摘し続ける社員がいたら、共同体の和を乱すヘンな奴だと見られて馘《くび》になったかもしれない。このようにして、自閉的共同体の欠陥は改められることなくいつまでも（共同体が崩壊するまで）続くのである。

東京電力、原子力安全委員会、原子力安全・保安院などの役員、原子力発電関係の官僚、学者、評論家は、ほとんど全員、東京大学卒だそうで、彼らが狭い自閉的共同体を成していることは明らかである。原子力発電のデメリットや危険を最もよく知ることができるのは彼らであるが、彼らが仲間の不利になるようなそうした情報を公表すると期待できないことは言うまでもない。いや、知っていて、仲間のためを思ってあえて公表しないのではなく、ある種の心理的メカニズムによってそもそも気がつかないのかもしれない。気がついて、言い触らす者がいたら、仲間外れになる。そこで、原子力発電は絶対に安全だという神話ができあがり、彼らは嘘を言っているつもりはなく、自信を持って堂々と原発絶対安全説を宣言する。彼らは意図的に人を騙す悪人ではないだけに、なおさら始末が悪いのである。

もちろん、原子力発電関係の諸団体がすべてまとまって一つの自閉的共同体を成しているのではなく、それぞれの団体がそれぞれ別な共同体となっていて、おのれの共同体の保全しか念頭にないので、事故が起こると、その責任から逃れようとして他の団体のせいにするから、どこにも責任を引き受けるところがないということになる。

この原発絶対安全神話は、かつての日本軍における皇軍不敗の神話、死を恐れぬ忠勇無双の日本兵は絶対に強いという神話と同類である。軍の上層部には、この神話を本気で信じている者がいたらしい。とにかく何らかの神秘的理由で、皇軍は不敗なのだと思っているから、敗北する可能性を検討して、それを防ぐ具体的対策を立てるなんて面倒で不必要なことはしないし、そもそも敗北する可能性を考えることが敗北を招くという言霊信仰のようなものもあるから、作戦計画は粗雑になり、必然的に敗北することになる。現実には、兵士には勇敢な者もいるが、兵士だって人間なのだから、当然、卑怯者、臆病者もおり、アメリカ軍は卑怯者、臆病者の存在を考慮に入れて、個々の兵士の勇気に頼らない、無理のない現実的な作戦を立てていたが、日本軍の作戦は、皇軍兵士には卑怯者、臆病者はいないという非現実的な前提に基づいていたため、必然的に齟齬が生じて、挫折するのであった（たとえば、レイテ沖海戦）。不敗の皇軍が敗北する構造は、絶対安全の原発が爆発する構造とまったく同じである。

かくして「神話」は誕生する

これも自閉的共同体の病理と関連しているが、日本人は希望的観測に頼る傾向が強いようである。もちろん、日本人以外にも同じような傾向がないではないであろうが、とくに日本人は好ましくない情報を無視しがちである。何ごとにおいてもだが、とくに戦争においては、これは致命的欠陥である。日本軍が真珠湾攻撃を決行する直前に、ドイツ軍はモスクワ攻略に失敗し、敗退し始めており、その情報は日本に届いていたにもかかわらず、日本軍はドイツの勝利を当てにして立てた戦争計画を改めなかった。戦争末期のことを言えば、ドイツが降伏してヨーロッパで用がなくなったソ連軍がシベリア鉄道でどんどん極東に移動していることを知っていながら、日本政府は、ソ連を仲介にしてアメリカと講和しようとする無駄な努力をあきらめず、アメリカとの直接交渉を引き延ばし、そのため、被害をいたずらに増大させた。そのほか、「支那一撃論」とかで、一撃を加えれば降伏すると中国軍を甘く見ていたり、アメリカ兵は享楽主義者、個人主義者だから、死を恐れぬ日本兵が必勝の信念を持って突撃すれば、慌てふためいて逃げるはずだと本気で信じていたり、南洋から戦略物資を運ぶ輸送船が敵潜水艦に撃沈されるリスクを考えていなかったり、要するに、日本軍は希望的観測に基づいて戦争していたのであった。

なぜそういうことになるかというと、作戦を立てる参謀本部なら参謀本部で、誰か（とくに権威ある上官とか、たとえば、軍令部における皇族の将官とか）が希望的観測を述べ、それが共同体の和として成立すると、もはやその和気藹々といった雰囲気をあえて壊す者はいないからである。もし、いたとしても、共同体の和を乱す者としてみんなに嫌われ、排除される。ある参謀が勇ましい作戦を提案したとき、別の者が非現実的だ、それでは勝てないと反対すると、勇猛果敢なわが皇軍将兵を侮辱する気か、と怒鳴られる。冷静で賢明な参謀もいることはいるのだが、その意見は卑怯だとか弱気だとか敗北主義だとか非難されて退けられ、作戦会議では、馬鹿な司令官や参謀が大声で怒鳴って主張する勇ましい無謀な作戦が通る（インパール作戦）。

原子力発電に関しても、その危険を知って不安がる者は、工学部原子力工学科卒の学生だと専門を生かす方面には就職できず、官僚だと電力会社に天下りできず、電力会社の社員だと昇進できない。その結果、原発の関係者は原発絶対安全論者ばかりとなる。原発絶対安全論者には原発の危険は見えないから、それを防ぐ策は講じられず、原発事故は必然的に起こったのである。

原子力発電に関する諸団体は、原発絶対安全論では一致していたものの、今回の事故の説明、どうすればいいかの対策については統一がとれておらず、人々を迷わせるだけで、この点でも、陸軍、海軍の下部組織がそれぞればらばらであったことと軌を一にしている。その原因は同じで、さっきも言ったが、それぞれの団体が自閉的共同体だからである。

日本軍は、共同体の和を乱す者を弾劾するが、同じ共同体に属する者なら無能な司令官、参謀でも排除しないのが特徴である。ノモンハン事件の敗北（敗北ではなかったとの説もあるが）を招いた辻政信参謀は、責任を問われて、一時、中枢から外されたが、すぐ復活し、マレー作戦の参謀を勤めた。盧溝橋事件をいたずらに拡大させ、日本軍を日中戦争の泥沼に引きずり込むきっかけを作った牟田口廉也中将は、その後、第十五軍司令官となり、数万の日本兵を無駄死にさせたインパール作戦を推進した。軍の上層部は、みんな陸士海兵卒の同窓生であり、仲間内であるから、仲間の失敗には寛容なのである。失敗した仲間には、次の作戦に成功して失敗を償い、名誉を挽回するチャンスを与えてやろうとする。しかし、無能な者は無能なのである。そのため、仲間でない下級の将校や兵士は何度も繰り返し悲惨な目に遭わされることになった。すなわち、彼らは、内部の者には実に隈なく配慮が行き届き、外部の者はどうなろうと無関心な自閉的共同体の原則に忠実なのである。

なぜ自閉的共同体の失敗が繰り返されるのか

日本軍がなぜ失敗に失敗を重ね、最終的には国を滅ぼしたかについては、無数の人が語っており、無数の本が刊行されている。わたしもその末席を穢して、その原因を日本軍が自閉的共同体であったことに見ている。それ以来、何十年も経った。しかし、わたしの説も効力がなかったらしく、そのあいだにも自閉的共同体であったために倒産や廃絶や衰退に追い込まれた会社や団体や機関は枚挙に暇がない。なぜ、失敗が教訓となり、失敗をもたらした欠陥が改められるということにならないのであろうか。

そのことを鑑みると、失敗をもたらした原因を解明するだけで満足することなく、失敗をもたらした原因を解明したにもかかわらず、そのあと、なぜその原因を除去することに失敗するかの原因を解明することが必要ではないかと思われる。

まず考えられる第一の原因は、自閉的共同体は、そこに住む者にとっては、周りのことを気にしなければ、きわめて気楽で居心地のよい世界であるということである。自閉的共同体は、いったんそこに住むと、なかなか抜ける気になれない。

次に考えられる原因は、失敗の原因を除去するやり方に間違いがあるのではないかということである。共同体の失敗の原因は構造的なものなのに、一種の精神主義であろうか、人々は、失敗の構造的原因を見ず、失敗に責任があるように見える「悪人」を共同体の外に見つけ、彼を処罰すれば一件落着で、問題は解決されたと思って満足し、そのあとは何もしないことが多い。事件が起こって、何か不満があると、「責任者を出せ」と怒鳴る人がいるが、彼は「責任者」を引きずり出して処罰すれば、「責任者」は心を入れ替え、過失を改めて、もう二度と失敗はしないと思っているのであろうか。それはとんでもない間違いであって、「責任者」を処罰しても、気分はいいかもしれないが、何ら問題は解決されない。失敗は、心掛けのよくない「責任者」が故意に犯したのではないからである。したがって、心掛けのよくない「責任者」を処罰し、馘にして、心がけのよい別の者を同じ地位に就けても、また同じ失敗が繰り返されることは必定である。

失敗の構造的原因を解決するためには、「責任者」（もし、彼が現実に失敗に責任があるとしても）を単に処罰して事足れりとするのは逆効果であって、処罰された「責任者」は口を噤んで、失敗の構造的原因を語らないであろう。彼はそれを一番よく知っている者なのである。その彼を差しおいて、どうして原因を解明することができようか。失敗の原因は隠蔽され、温存されて、同じ失敗がまた繰り返される。

いずれにせよ、事件の当事者に、就職や天下りや昇進を自発的に断念して、すべてを包み隠さず正直に話す聖人君子であることを期待してはならない。われわれだって、そんなことはできないのだから、自分ができないことを人に要求すべきではない。彼がすべてを正直に話す気になれるような条件を整えてやる必要がある。

日本軍が失敗を重ねたのも、失敗の真の原因を究明しようとはせず、誰か適当な者を見つけて彼に責任を被せて処罰して事足れりとしたからである。たとえば、実際には、参謀が立てた作戦のまずさのせいで敗北したのかもしれないのに、なぜ失敗したかを慎重に検討し、その原因を除去する具体的方策を取ることなく、何も考えずに慣例的にワンパターンで参謀は現地の部隊長に責任を取らせ、彼に自決を強いたりした（辻政信参謀）。戦後においても、何か重大な事故が起こると、世間を宥めるためかどうか知らないが、実際には、その事故に何のかかわりもなく、直接的な責任のないトップが責任を取って辞任したりする。このようなことは、敗北や事故の防止には何の役にも立たない。

今回の福島第一原発の事故に関して、そして、今後、原発をどうするかの問題に関して、日本軍の轍を踏まないように切望する。とにかく、第一に重要なことは、原子力発電の関係者が自閉的共同体を形成することがないようにすることである。そのために、彼らが自閉的共同体の弊害を自覚し、「良心」に基づいて自らその形成を自制することを期待し、その期待に反して彼らが自閉的共同体を形成して事故を起こしたら、原因を詳しく究明することなく関係者をやみくもに処罰するというようなやり方を取るのは、拙劣の最たるもので、まったく無効である。彼らが自閉的共同体を形成しようとしても、できないような構造をつくっておくしかない。

日米戦争の悲惨な結末をふまえて、日本社会党（当時）が非武装中立論を唱えていた、だいぶ昔のことであるが、再軍備は是か非かが問題になっていたことがあった。再軍備賛成論者は、「敵が攻めてきたら戦わないですぐ降伏するのか、家族が殺され、妻や娘が強姦されても黙って見ているのか」と、再軍備反対論者を嘲笑していた。それに対して、わたしは、はっきりとは覚えていないのだが、だいたい次のように論じたことがある。

わたしは原則として再軍備には反対ではない。国を護るには軍備が必要であると思っている。しかし、軍事大国であった大日本帝国がなぜあのような拙劣な戦争をしたのか、その戦争でなぜあのような悲惨な結末を招いたのかの原因をよく考えてみる必要がある。それは、大日本帝国陸海軍が自閉的共同体であったからである。陸軍自体、海軍自体が自閉的共同体であったにとどまらず、それぞれの多くの下部組織も自閉的共同体であった。その結果、日本の軍隊は、国全体、国民全体のためではなく、それぞれの共同体のために戦うということになってしまっていて、そのため、命を惜しまず勇敢に真剣に戦った個々の兵士がどれほどいたとしても、日本軍全体としては惨敗は必然であった。

日本軍はなぜ自閉的共同体になったか、自閉的共同体として誰がどこでどういう愚かな間違いを犯したかがくまなく究明され、その原因が克服されないうちに再軍備を急ぐなら、そこでできあがる軍隊は、かつての日本軍のような自閉的共同体にならざるを得ず、自閉的共同体としての軍隊は、国と国民を護るのに役立つというより国と国民に害をもたらす危険が大きい。したがって、抽象的に再軍備は是か非かを論じるのは無意味であって、具体的に自閉的共同体でない軍隊をつくれるのかどうか、つくった軍隊が自閉的共同体になるのを防ぐことができるかどうかを問題にすべきである。それができないうちは再軍備には反対である。

同じことは原子力発電についても言えるであろう。原発を維持、管理する諸組織、諸団体が自閉的共同体であれば、必然的に事故を招き、事故が起こると、今回の福島第一原発の事故に際して見られたように、事実の隠蔽と責任の回避が行われるであろう。原発を存続させるか廃止するかの問題は、原発を絶対安全にする科学技術をつくれるかどうかの問題よりまず先に、それを維持、管理する自閉的共同体でない組織をつくれるかどうかの問題である。つくれないなら、科学技術的に安全が保証されても、原発は廃止したほうがよい。

（『正論』二〇一一年七月号、産経新聞社）

歴史のなかの原子力発電所

わたしの仮説だが、日本列島に住む人たち（いつ頃からか日本人と称するようになるが）は初めから劣等感・被害者意識が強い人たちであった。その理由は、どうもこの人たちは、南洋から、東南アジアから、中国大陸から、朝鮮半島から、シベリアから、樺太から、すなわち、もといた地域から、争いに負けたか嫌われたかして追っ払われ、行く当てもなく彷徨《さまよ》って、やっとの思いで日本列島に辿り着いた人たちではないかと考えられるからである。詳しく語ると長くなるのでごく大まかに述べるが、彼らは、日本列島のあちこちに小さな集団を作ってバラバラに暮らしていて、そのうち、いくつかの有力な豪族のようなものが形成されて、日本海の向こうの大陸に厳然として聳えている、あらゆる面ではるかに進んだ国に政治的にも文化的にもその他の点でも依存した。

日本にとってこの国は恩恵者であると同時に圧迫者であり、日本人はこの国に対して尊敬、感謝、嫉妬、恐怖、軽蔑、憎悪などの込み入った複雑な感情に囚われていて、どういう態度で接したらいいか、いつも迷っていた。

日本と中国の関係の歴史を見れば、それがよくわかる。魏に朝貢して倭王と認められたかと思うと、白村江に大軍を送って唐・新羅の連合軍と戦って大敗し、律令制を採り入れて唐を模倣して国造りをしたかと思うと、交渉に来た元の使者を斬り殺して元寇の危機を招き、明の冊封を受けて日本国王にしてもらったかと思うと、明を征服しようとして朝鮮を侵略し、そのあと、二百数十年内外の平和を保ったかと思うと、突然打って変わり、日清戦争、北清事変、満州事変、上海事変、大東亜戦争と矢継ぎ早に中国に出兵した。有史以来、日本は中国をどう思っているのか、どうしようとしているのか、さっぱりわけがわからない。わかるのは、中国に関して葛藤があるということである。

十九世紀半ばにペリーの東インド艦隊がやってきて、欧米諸国に対する軍事的に決定的な劣位を悟らされて、日米和親条約を押しつけられると、日本はそれまで中国に向けていた日本の混乱し相剋する心情を主としてアメリカにも向けるようになった。

それでも、日露戦争の講和までは日米はわりと友好的であった。日露戦争のとき、アメリカは、イギリスと違って日本の同盟国ではなかったにもかかわらず、日本政府が起債した戦時公債の半分近くを引き受けてくれたし、日本が兵力と戦費を消耗し尽してこれ以上は戦争を続けられないが、日本からは言い出せないギリギリの土壇場で講和を提案し、仲介し、場所まで提供してくれた。

しかし、そのあと、日本がロシアから獲得した南満州鉄道に出資して、経営権の半分を得ようとしたアメリカの鉄道事業家の申し出を、いったん承諾しながら断ったことが日米戦争の遠因になったとの説もあるが、アメリカは日露戦争に勝ってのしあがってきた日本がだんだんと目障りになったらしく、排日移民法を制定したり、日本近海でアメリカ海軍の大艦隊の演習をしたり、いろいろ意地悪をした。日本もそれに刺激されたかどうか知らないが、だんだんとアメリカの気に障るようなことをするようになり、アメリカが物凄く嫌っていた日独伊三国同盟を結び、ついには仏印南部まで日本軍を進めた。

そのあとはご存じの通り、アメリカは日本への石油や屑鉄の輸出を禁止し、近代日本が多大の犠牲を払って獲得したすべての権益の放棄を迫るハルノートを突きつけ、追い詰められた日本は真珠湾を奇襲し、緒戦の勝利に大喜びしたが、三年半後、日本人は三百万人以上も殺され、全土を焼け野原にされ、大敗北を喫するのである。

何はともあれ、日本は、アジア諸国がほとんど欧米の植民地になっていた時代に植民地化される屈辱と悲惨に気づいて深刻に受け止め、欧米帝国主義に激怒し必死に反撃した、アジアの最初の国であった。その理由はいろいろあるが、最大の理由は、この文章の冒頭で述べたように、日本人がその建国の事情によって初めから劣等感・被害者意識が強い人たちであったことにあるとわたしは考えている。歴史的に人格の基底に屈辱感が流れているために、幕末から明治にかけての欧米人の傲慢な侮辱的態度に接したとき、他のアジア民族に先駆けて欧米植民地主義勢力に対する屈辱感がいやが上にも燃え上がったのであろう。それから続く軍国主義時代の日本人、日米戦争中の日本人の熱狂を見れば、そう思わざるを得ない。

ところで、江戸時代の日本と明治維新から敗戦までの日本を比べてみると、何よりも目につく近代日本の特徴は、資源のない貧乏国が無理に無理を重ねて焦り足掻《あが》き続けていたということである。幕末に軍事的無力のゆえに不平等条約を押しつけられ、半植民地化され、その屈辱に呻いた日本人は、軍事力の強化にしか祖国を救う道はないと固く信じ、国が要求する兵役や重税などの苛斂誅求《かれんちゅうきゅう》に耐えるのであった。そのあとの対外戦争に勝ち続けた日本は、辛うじて勝ったことを忘れて舞い上がり、世界の五大強国の一つになったと己惚《うぬぼ》れ、皇軍不敗の神話を信じ、アメリカを侮るようになった。

その結果が惨めな敗戦であったが、日本人の焦りと足掻きは続いた。敗戦後の日本人は、ペリーに強姦された屈辱を、今度は、軍事力ではなく経済力で雪《そそ》ごうとした。日本人を戦後の高度経済成長へと駆り立てた動機はそれ以外には考えられない。日本人は日本製の自動車に遅れを取って衰退したアメリカの自動産業を見て、真珠湾でまたアメリカの戦艦を撃沈したかのように喜んだ。

その喜びも束の間で、バブルははじけ、日本経済は低迷したが、日本は明治以来の成長戦略を捨てはしなかった。日本のあちこちに林立する原子力発電所はその象徴である。日本は、戦争に負けても、高度経済成長が挫折しても、世界の片隅にこぢんまりと暮す目立たない小国であることに甘んじることはできなかった。軍事大国になるのは断念したが、少なくとも、アメリカに次ぐ世界第二の経済大国であろうとした(最近、中国に追い抜かれたが)。そのためには、原発は必要不可欠であった。

成長戦略そのものは変わらないのだから、現代日本の原子力政策が、かつての日本の軍事政策と構造的に相似しているのには何の不思議もない。日本軍の各機関が自閉的共同体であったように、原子力関係の各機関も自閉的共同体であって、いずれもその特徴(たとえば、共同体の外部の人たちの被害への無関心)を露骨に示している。原発安全神話は皇軍不敗神話と同じ性質の神話で、ともに事故の発生または作戦の失敗を防ぐどころか、逆に不可避的に招いている。民衆を善導するつもりで真実を隠蔽して被害をいたずらに大きくする点で東電の発表は大本営の発表と同じである。原子力発電所が増殖してゆく過程は大日本帝国陸海軍の部隊や艦艇が増殖してゆく過程と同じである。作り始めると、多ければ多いほどいいような気がしてくるのである。

原子力発電所を維持するか廃止するかの問題は、そのプラス・マイナスを計算して決めればいいような孤立した問題ではなく、歴史始まって以来、日本民族に底流するコンプレックスをどうするかの問題、国家の基本方針の問題、現代日本の政治的・経済的システムの問題、不可避的に起こる事故の犠牲者をどうするかの問題、成長戦略を奉じて余裕なく焦り足掻く人生をよしとするかどうかの人生哲学の問題なども絡んでいる重大な問題である。

（『myb』二〇一一年秋号、みやび出版）

日韓関係の問題

李明博が韓国大統領としてはじめて竹島に上陸したり、天皇に謝罪を要求し、天皇について侮辱的発言をしたり、その次の大統領の朴槿恵が日本のことを歴史を無視する国には未来はないと非難したり、韓国の最高裁が戦争中の朝鮮人徴用工に対する日本企業の個人賠償を認める判決を出したり、そのほか、中国とかアメリカとかのどこかに安重根とか慰安婦とかの像を建てるとか建てたとか、とにかく、韓国人は日本を侮り、貶め、傷つけると信じられることなら、思いついたことはどんなことでもやらないでは気が治まらないかのように、憎しみに凝り固まっているかのように、日本への罵詈雑言を並べ立てて飽きない。日本とは無関係などこかの遠い国のことなら、気でも狂ったのかと面白がっていればいいが、歴史的に韓国は二千年以上前から政治・経済・文化などのあらゆる面で関係が深い国であり、かつ、現在の韓国がこのような変な国になったのは、また別のあり方で変な国であった日本との関係においてであり、日本にも責任の一端があるから、知らぬ顔をしているわけにはゆくまい。

何はともあれ、韓国人は日本をとてつもなく憎み、恨んでいるようである。その起源、原因、理由は何か。韓国人は「日帝三十六年の支配」のせいにするが、それだけでは説明がつかない。台湾は五十年以上「日帝の支配」を受けたし、韓国と同じく、住民の虐殺事件もあったが、韓国と違ってわりと親日的である。韓国人の日本への憎しみと恨みには大昔から由って来たるさまざまな理由があると考えられる。

大昔のことはよくわからないので、仮説として述べるしかないが、七世紀ぐらいまでは日本人と朝鮮人とはごちゃまぜで、はっきり区別されていなかったのではないか。日本から朝鮮、朝鮮から日本へ行くとき、人々は外国へ行くとは思っていなかったのではないか。日本と朝鮮が別の国になったのは、六六三年、白村江で百済を助けに行った倭軍が唐・新羅連合軍に大敗を喫したことがきっかけだったのではないか。それで、大勢の百済人が列島へ逃げてきて、倭人とまざり（それまでの倭人には、百済だけでなく、新羅、任那などの朝鮮半島や、南部や北部の中国大陸からやってきた連中もいたであろうが、東南アジアや南洋諸島系統の人たちも多くいたであろう）、倭国は日本と称するようになり、倭人は日本人となったと思われる。そのとき、日本人にならなかった、または、日本人になったつもりがなかった倭人もいたのではないか。

ついでながら言えば、韓国人が聞けば、怒り心頭に発するであろうが、豊臣秀吉の朝鮮侵略、吉田松陰や西郷隆盛の征韓論の背景には、かつてわれわれは朝鮮の地にいて、そこから追われたのであり、朝鮮はわれわれの地だったのだから、取り返すべきであるという、かつて任那人や百済人であった者を一部に含む日本人の心の底に澱む心情があるのではないかと思われる。

ところで、話をもとに戻すと、それ以前、朝鮮半島南部では百済と新羅が対立していた。白村江の戦いに勝って百済を追っ払った新羅は、そのあと、やはり唐の援助を得て、高句麗をも打ち倒し、朝鮮を統一した。この統一朝鮮が十世紀に高麗に取って代わられ、次に李王朝（朝鮮王朝）が成立し、日本に支配されて植民地となり、日本の敗北がきっかけとなって今は朝鮮は韓国と北朝鮮に分裂している。百済は、地理的には今の光州と重なるが、一九八〇年の光州事件が示しているように、現代の韓国で、光州地方に対する差別があるのは、かつての百済に対する新羅の敵視と軽視の名残りではないか。

そして、かつての百済に対する新羅の敵視と軽視は、歴史的に日本に対する朝鮮の差別ともつながっているのではないか。その上、かつて朝鮮は先進国で日本に文化を教えてやったと思っている（日本人は中国文化が朝鮮半島を通って伝えられただけだと思っているが）から、そのことも日本を下に見る朝鮮人・韓国人の差別意識の一因ではないか。

人間は、上の者、対等な者に負けたときとは比べものにならないほど絶大な恥と屈辱を下の者に負けたときには感じるであろう。朝鮮は、「日帝三十六年の支配」など問題にもならないほど、中国には長年に亘って支配され、搾取され、侮辱されてきており、被害の量を言えば、日本によるのと、中国によるのとでは雲泥の差がある。しかし、日本に対するほど中国を恨んではいない。恨んでいないどころか、多大の敬意を以て接している。朝鮮人・韓国人が中国を大声で非難攻撃したなんて話は聞いたことがない。歴史上、中国は朝鮮の下にいたことはなく、つねに上にいたからである。

下に見ていた日本の植民地になった朝鮮人・韓国人の深い屈辱と恨みに日本人は気づかなかったし、今も気づいていないようである。日本人は日本人で朝鮮を中国の属国とみなして下に見ていたので、朝鮮人・韓国人が日本を下に見ていたとは思ってもいなかったからである。恨みに気づくどころか、かえって、日本人は朝鮮を植民地にすることによって、その近代化に大いに貢献したとして恩に着せ、感謝されてもいいぐらいに思っていた。実際、この植民地経営は、投資事業と見れば、搾取して儲けたどころではなく、都市のインフラ、鉄道網、学校などの建設費で大赤字だったそうである。

また、朴槿恵の父親の朴正熙大統領が日本と結んだ日韓基本条約に基づく日本の経済援助は戦後の韓国の復興に大いに貢献したので、ここでも日本人は大いに感謝されていると思っているであろうが、実際には、逆で、朴正熙はわずかの金欲しさに日本に迎合したと非難され、ついには暗殺され、韓国の復興は日本の援助とは関係なく、ひとえに韓国人自身の創意と努力の賜物ということになっている。

とにかく、韓国人にすれば、日本のおかげで近代化できたということ、日本のおかげで戦後復興ができたということが恨みのもとなのである。日本人が韓国人に感謝されると思って恩恵を与えれば与えるほど、韓国人の恨みが増すという皮肉な結果になっている。韓国人が、日本による植民地化によって韓国の近代化はかえって遅れたと事実に反することを頑固に信じているのは、そう信じないと屈辱に耐えられないからである。そのような気持ちがわからない日本人は、韓国が日本のおかげで近代化できたとおおっぴらに発言すれば、なぜだかよくわからないが、韓国人が猛烈に怒り狂うので、納得できないまま、腹の中にしまい込んで言わないが、心の底ではそう思い続けており、あいつらは事実を事実と認めない愚かで恩知らずな奴だとさらに軽蔑することになる。恨みと軽蔑の悪循環である。

同じように、日本人は、インドを植民地化し、インド人を奴隷扱いした冷酷なイギリス人と違って、寛大にも朝鮮人を平等に日本人にしようとし、日本式の姓名を名乗らせたり、日本語を教えたりしたが、これがまた感謝されずに恨みを買った。朝鮮人は無理やり強制されたと思っているが、日本人は彼らのためにもそのほうがいいと、恩恵を施しているつもりだった。日本式の姓名を名乗りたければ、名乗ってもいいと許容しているつもりであった。こういう点において、日本人はまさに自己中心的で無神経であって、主観的に善意であれば感謝されると思っていて、相手を傷つけることに気がつかないのである。

しかし、自己中心的で無神経である点では、韓国人も決して日本人に負けてはいない。たとえば、朴槿恵大統領は、日本がその歴史認識を改めない限り日本を相手にできないと声明するが、自分の歴史認識は絶対正しいと思っているらしい。彼女の歴史認識にはベトナム戦争のとき、アメリカ兵より残酷だった韓国兵のことは含まれていないらしい。彼女が本当にそう思っているのか、国民の人気を維持するためにそう言っているだけなのかはわからないが、もし本当にそう思っているとすれば、あまりにも愚かだとしか言いようがない。国民の人気を維持するためにそう言っているのだとすれば、国民を馬鹿にしている。

日本が朝鮮を植民地化したことに関して、さまざまな見解があり得ようが、いずれにせよ、常識的には、日本側にも朝鮮側にも責任があると考えるのが妥当なところであろう。日本側に大半の（かりに、八〇％とか）責任があるとしても、朝鮮側にも責任（事大主義とか、独立自尊の精神に欠け、自ら国を護る意志が弱いとか、現実認識が甘いとか）が全然ないわけではない（かりに、二〇％とか）。実際問題として、二者の関係でいろいろ問題があるとき、一方の責任が一〇〇％で、他方の責任が〇％ということはまずあり得ない。朝鮮・韓国が自らの責任は〇％だと考えているとすれば、被植民地化という事態を招いた自国の構造的欠陥は決して改められず、永遠に温存され、もしまたかつての軍国主義日本のような国が現れたら、ふたたび簡単に植民地化されるであろう。

実際、朝鮮・韓国は独立自尊の精神に欠けるところがあるのではないか。たとえば、大東亜戦争は、戦争遂行に必要な資源を獲得することが主な目的であったことは確かであるが、欧米の植民地主義からのアジアの解放と独立のきっかけになったことも確かである。しかし、それはきっかけに過ぎず、基本的には、インドもインドネシアもベトナムも、自ら血を流し、壮絶な独立戦争を戦って自力で独立を獲得したのであるが、朝鮮・韓国の独立は、日本がアメリカに敗北した結果として、棚から牡丹餅が落ちてきたように、何もしないでいると、向こうから勝手に舞い込んできたものである。敗戦後、しばらく日本軍は朝鮮に駐屯していたが日本からの独立のために日本軍と戦って戦死した朝鮮人・韓国人は一人もいない。このことは、朝鮮人・韓国人の劣等感を刺激するらしく、北朝鮮が金日成に率いられたパルティザンが日本軍を蹴散らして平壌に凱旋したとかのホラ話をデッチあげたり、朴槿恵大統領が日本の政治家を一人殺しただけの安重根を英雄に祭りあげてハルピンとかに銅像を建立しようとしたりするのは、劣等感を解消しようとしてのことであろう。韓国には、祖国の独立のために戦ったインドのガンジー、インドネシアのスカルノ、ベトナムのホー・チミンのような英雄はいないので、韓国・朝鮮の独立に何の貢献もしていない安重根を英雄にするしかなかったのであろう。

インドもインドネシアもベトナムも、朝鮮と比べものにならないほど、旧宗主国に長年にわたってひどい目に遭わされているが、韓国ほどしつこく執念深く旧宗主国に文句を言い続けたりしないのは、勇猛果敢な独立戦争を通じて攻撃精神を発揮し、誇りを回復することができたからであると考えられるが、独立戦争をしていない朝鮮・韓国は、発散していない怒りが澱み、今なお疼き続ける敗北感と屈辱感に打ちのめされて、日本に文句を言い続ける以外に憂さの晴らしようがないのであろう。

日本に対する朝鮮人・韓国人の屈辱感が根深いのには、そのほかにもっと深刻な理由がある。争いに敗れ、服従させられ、不本意なことを強いられるのは確かに屈辱であるが、それ以上の屈辱は、勝者に迎合し、自尊心を抑圧し、屈辱が屈辱であることを否認して、勝者から強制された屈辱的なことを、もともと自分がやりたかったことだとして、自ら進んでむしろ過剰に実行することである。

日本の植民地になった朝鮮はまさにこのような状態にあったのではないかと思われる。ところが、日本が敗北した。朝鮮人・韓国人は日本に迎合する必要がなくなった。そうなると、抑圧されていたと自尊心がマグマのように噴き出してきて、いやが上にも過剰に高まった。高まった自尊心の視点から見ると、植民地時代の自国民は絶対に現実にやったとは認められない、とんでもない屈辱的なことを屈辱的であるとの自覚なく無数にやらかしていた。独立後の、とくに経済復興後の韓国人としては、そのようなことを自ら進んでやったとは太陽が西から出ても認めることができなかった。すべては日本人に暴力を振るわれ、拷問され、脅迫されて、最大限、抵抗したが、力が及ばず無理やり強制されて、やらざるを得なかったとしなければならなかった。それならまだしもいくらか自分を許せるのである。

しかし、実際には、いわゆる従軍慰安婦にしても、労務者にしても、日本側が経済的、状況的、情緒的に、あるいは甘言を弄して、そうせざるを得ないところに朝鮮・韓国の若い男女を追い詰めたということはあったにしても、暴力を振るって無理やり拉致したり強制したりしたことはなかったとのことである。もちろん、背後には日本人がいたのであろうが、慰安婦の募集は主として朝鮮人の業者が行ったとのことである。また、朝鮮人慰安婦も、嫌がって必死に抵抗して逃げ回ったが取り押さえられて強姦されていたのではなく、ヨーロッパ戦線において白人のアメリカ兵より勇敢に戦って死傷率がはるかに高かった日系のアメリカ兵のように、朝鮮女性だって日本女性に魅力が劣るものではない、日本人慰安婦に負けてなるものかと熱心に仕事に励んだ者もいたと聞いている。戦況がますます不利になったとき、日本軍は、それまで控えていた朝鮮人の微兵に踏み切ったが、予定していた人員の何十倍もの応募者がいたそうである。また、朝鮮人の特攻隊員もいた。朝鮮人は、けっこう、日本の戦争に自ら進んで協力していたのである。

しかし、今となっては、これらのことは、朝鮮人・韓国人にとっては、胸がキリキリ痛むような、はらわたが煮えくり返るような屈辱である。

それなのに、日本人は、朝鮮人・韓国人の恨みには、合理的とは言えないにせよ、それなりの深い特殊な理由があることを理解せず、日本は朝鮮に、スペイン、イギリス、フランス、オランダ、アメリカなどがアジア諸国に加えたほどのひどい悪事はしておらず、それどころか、近代化を促進し、経済復興を助けて「やった」のに、何をいつまでもクドクド、ネチネチ文句を言っているのだと、憤懣やるかたない。韓国人は日本人が韓国人の恨みを理解しないどころか、嘲笑し軽蔑するのでますますイライラし、恨みを深くする。まさに日韓関係はこんがらがって、ほぐしようがないように見える。

A陣営とB陣営がいがみあい、争っているとき、最も絶望的事態は、両陣営がともに、さっき挙げた歴史認識に関する朴槿恵大統領の発言が典型的な例であるが、自分の見解は全面的に正しく、相手の見解は全面的に間違っており、相手が自分の見解を採用することが唯一の解決であると思っている事態である。これではどこにも出口がない。

朴槿恵大統領はまさにこの事態にあるようであるが、これは韓国民の大勢の気分を代表しているのであろうか。もしそうだとすれば、問題の解決はきわめて困難であろう。歴史が示しているように、ある国がこのような気分に流されているとき、客観的証拠の提示や論理的説得はほとんど効果がない。

しかし、国が狂うということ、国が気分に流され、熱に浮かされ、冷静な判断を失うということはどこの国にでも起こり得ることであって、現在の韓国だけではない。ペリーに強姦された屈辱を雪ごうとして必死に軍事大国への道を突っ走っていた近代日本は冷静な判断を失っていなかったであろうか。イギリス・フランス・日本に侮辱されて傷ついた中華帝国の夢を取り戻そうと大躍進、文化大革命に熱中していた中国は冷静な判断を失っていなかったであろうか。当時の日本あるいは中国に誰かが「頭を冷やせ」と助言したとしたら、聞く耳があったであろうか。

日韓のあいだでは、謝罪・賠償・靖国神社などの問題で対立しているが、たとえば、謝罪に関して言えば、日本の首相がどれほど謝罪しようが、韓国が満足することはない。以前、どこかで指摘したことがあるが、韓国の大統領は日本に謝罪させることを国民の人気を得るための業績としているらしく、したがって、ある大統領が日本からあるレベルの謝罪を獲得すれば、次の大統領はそのレベル以上の謝罪を獲得しようとするから（その流れで、李明博大統領は天皇の謝罪まで言い出した）、キリがない。また、賠償に関しても同じで、韓国の要求は日本からこれこれの規模の損害を被ったからそれに相当する賠償を要求するという合理的なものではなくて、日本は韓国に無限の賠償しなければならないほどの悪事を犯した悪の国であることを示し、日本を貶めるための賠償要求であり、韓国は日本を徹底的に貶めたいのだから、これまたキリがなく、莫大な賠償をすれば、それで済むというわけにはゆかない。賠償をすれば、さらなる賠償要求の呼び水になるだけである。

わたしは、中国が日本の首相の靖国神社参拝に抗議するのは、中国としてはそれなりの根拠があると思っているが（ここは日中関係を論じる場ではないので、ごく簡単に言うと、一九七二年の日中国交正常化の交渉の際の、日本軍国主義者と日本人民を区別した周恩来の発言）、韓国が抗議するのは何の根拠もなく、根も葉もない的外れのたわごとである。第一に、敗戦前は、韓国は日本だったのであって、日本は韓国と戦争したわけではなく、もし靖国神社の戦犯の合祀が問題であるとしても、日本には韓国に対する戦犯は存在しない。戦争中、日本は、日本人だった朝鮮人を兵士、軍属、労務者、慰安婦に使ったが、それは戦争犯罪ではない。戦争中、日本政府・日本軍部は、内地の田舎でのんびり田圃を耕していた日本人の農民を微兵して危険な戦地に追いやって死なせたが、日本国民として当然の兵役の義務を課しただけであって、どこかの国の何の義務もない田舎の青年を何の権利もないのに拉致して不当な労役を強制して殺したわけではない。現在の韓国人・朝鮮人が、戦争中、日本人だった韓国人・朝鮮人に対する日本の好ましくない行動を、あたかも外国人に対する好ましくない行動のように見なし、問題にするのは見当違いも甚だしい。もし、第二次世界大戦に関して、戦敗国が戦勝国に与えた損害を賠償しなければならないとしたら、当時、韓国人・朝鮮人は日本兵として日本に協力したのだから、韓国・朝鮮こそ連合国に賠償しなければならない。日本の敗戦直後、韓国の李承晩大統領はアメリカに韓国を連合国、戦勝国の一員と認めるよう求めたが、さすがにそれは図々し過ぎて無理であった。しかし、現在の韓国人の日本人に対する的外れの要求は、韓国人が主観的に戦勝国の一員のつもりであるとでも考えなければ、了解不能である。

このように、日本人には現在の韓国人は気でも狂ったのかと思われるような馬鹿げたとんでもないことばかり言ったりしたりしているように見えるが、では、われわれ日本人はどうなのであろうか。日韓関係の歴史と現在について、韓国人には見えていないが、日本人には明らかなことがあるが、しかしまた、日本人には見えていないが、韓国人には明らかなこともあるのではなかろうか。もし、日本人が日本は全面的に正しく、韓国が全面的に間違っており、韓国が日本と同じ考え方をするようになれば、日韓関係はうまくゆくと考えるとすれば、それは、日本人が韓国人と同じレベルに堕ちているということであろう。近頃、東京の大久保あたりで、朝鮮人・韓国人を罵倒するヘイトスピーチなるものを叫びながらデモする連中がいるとのことであるが、彼らは朴槿恵に優るとも劣らず見苦しく、彼らのことを考えると、朴槿恵を笑ってばかりはいられなくなる。

秀吉の朝鮮侵略は昔のこととしても、近代において、日本が朝鮮にどういうことをしたかを真剣に考えるべきである。朝鮮人・韓国人は日本に対する深い屈辱感から逃れようと死にもの狂いになっていることを理解すべきである。そして、重要なことであるが、朝鮮人・韓国人に日本人がどう見えているかを考慮すべきである。とにもかくにも、朝鮮は、日本を下に見たり、軽んじたりしたことはあったが、日本を侵略したことはない。ただ、元寇の際、高麗が三千艘あまりの軍船を建造して蒙古軍に協力したそうであるが、友人の金両基氏によれば、高麗は元に心服しておらず、台風がくればすぐ壊れて沈むようなボロ船をつくって日本の蒙古軍撃退に協力したとのことである。

（『正論』二〇一四年三月号、産経新聞社。原題＝反日と嫌韓の応酬――日韓関係を「ものぐさ精神分析」する）

日韓関係に関する疑問

個人の生涯を考えてみよう。まず記憶のない乳児期がある。そのあと記憶が芽生え始めてからのことをいろいろ思い出してみると、誰でも、なぜそんなことをしたか自分でもよくわからないこと、あまりにも馬鹿げたこと、とんでもない思い違いをしてとんでもないことをしたことなどが無数にあり、決して賢明に合理的に生きてきたのではないことがわかる。そのような個人が無数に集まって作った部族や民族や国家など集団の歴史も、当然、馬鹿げたことに満ちているはずである。

ところが、そのことを認めるのが不安だからであろうか、集団の歴史となると、人々は何か賢明に合理的に進んできたかのように思いたがる傾向があるようである。現在の観点からは、愚かで不合理なことのように見えても、それは当時の知識や経験の不足のせいであって、人々はさまざまな失敗から学んで知識や経験を増やすにつれて着実に進歩し、だんだんと賢明に合理的に振る舞うようになってきていると信じたがる傾向があるようである。

このような傾向は、舞い上がって人類をhomo sapiens（賢明な人）と称した近代に発すると思われるが、それに基づく代表的な史観が史的唯物論（唯物史観）であった。人類の歴史は、生産力と生産関係との矛盾を動因として共産制・奴隷制・封建制・資本制へと進歩発達し、最後に共産制に至るということになっていて、要するに、客観的な経済的条件が歴史を決定するのであり、それぞれの時代の経済制度はそれぞれの時代の生産力（知識、技術など）に応じたそれなりの賢明で合理的な対策であった。

人間は合理的な存在であるという考えに異を唱えたのがフロイトである。もちろん、昔から不合理な変なことをする人たちはたくさんいたが、その人たちは、悪魔や狐などに取り憑かれたとか、脳に故障があるとかの例外的な異常者・病人であって、歴史の動きや経済構造や社会構造とは関係なく、人間は基本的には理性的・合理的な存在であり、歴史を動かしているのは理性的・合理的な人間であると人々は信じていた。しかし、フロイトは、脳に故障などないごく普通の正常な人たちもみんな多かれ少なかれ愚かで不合理なことをするのであり、しかも、自分がなぜそんなことをしたかの動機を知らないことを発見した。彼は、個人において発見したこの事実をさらに集団に拡大し（厳密に言えば、彼は集団心理をモデルとして個人心理を理解し、そうすることによって得られた知見を集団に拡大した）、ユダヤ教の成立をこの理論に基づいて説明した。ユダヤ教はユダヤ人が環境に適応するために合理的に考えて生み出した合理的産物ではなかった。

彼のこの理論にかぶれたわたしは、それに基づいて、日本の歴史とくに近代史、アメリカの歴史、ヨーロッパの歴史を精神分析的観点から理解しようと努めた。さらに、日本と中国や朝鮮（韓国）との関係の歴史にも手を伸ばそうとしたが、力不足で初歩的段階にとどまっていた。何はともあれ、歴史のなかで蠢き、歴史を動かしているのは、日本人にせよ朝鮮人にせよ中国人にせよアメリカ人にせよヨーロッパ人にせよ、さまざまな迷妄や錯覚に囚われ、自分でも何をしているのかわかっていない無数の変な人たちであった。わたしは、フロイトかぶれのわたしの理論を、おこがましくも史的唯物論の向こうを張って史的唯幻論と称した。

小滝透氏は、古代から現代に至る日韓（日朝）関係史に関する該博な知識を駆使し、金容雲氏の原型史観を踏まえ、いくらか史的唯幻論をも参考にして、フロイトの歴史理論、すなわち、歴史における無意識的動因を重視する理論を大いに発展させ、絶望的に縺《もつ》れに縺れた日韓（日朝）関係を、そこだけに視野を限ることなく広く日米関係・韓米（朝米）関係・韓中（朝中）関係、さらに世界史のなかにおき、客観的・合理的史観の呪縛から完全に解放されて、その縺れた原因を日本人・韓国（朝鮮）人自身が自覚していない無意識の深層に探り、「ああ、そうなのか」とわれわれを納得させる明快な説明を提示している。この説明が多くの日本人・韓国（朝鮮）人のあいだに普及すれば、現在、どうしようもないかのように見えている相互誤解を解きほぐす鍵となるのではないかと期待される。

日本と韓国、募る両者の喰い違い

精神分析の説くところによると、神経症の患者が自分を苦しめている変な神経症的症状を追っ払うことができないのは、自分のなかの、その症状を惹き起こしている真の原因を無意識へと抑圧しているからであって、それを意識化すれば、症状は解消することができる。日韓(日朝)関係に関して、日本人には何をそんなにネチネチとこだわっているのかと不可解な韓国(朝鮮)人のやたらに過激な攻撃的態度、そして、韓国(朝鮮)人には問題から逃げているとしか見えない日本人の許し難い無責任で不誠実な態度は合理的判断に基づいて形成されたものではなく、まさに神経症的症状であって、その背後の真の原因から両者がともに目を逸らしているからこそ、しかも、両者がどういうことから目を逸らしているかが喰い違っていて、日本人が見ていないところが韓国(朝鮮)人には見えており、また、逆もそうなので、どれほど両者が「合理的に」話し合っても、解消するどころか、ますます募るだけなのである。

したがって、問題の解決は、神経症の治療の場合と同じく、原理的には簡単である。目を逸らして無意識へと抑圧しているものを意識化しさえすればよい。しかし、これは、原理的には簡単であるが、事実上は非常に難しい。抑圧するのは抑圧する必要があるからであって、要するに、それは日本なら日本、韓国(朝鮮)なら韓国(朝鮮)の民族としての、国家としてのアイデンティティ、プライドの維持にかかわっているのである。

口に出せば韓国（朝鮮）人から猛烈な反発を喰らうし、日本人自身確信をもっておらず、まさに日本に対する韓国（朝鮮）人の非難の根拠を提供するようなものなので、仲間内ではコソコソ喋っていて、あまりおおっぴらには言わないが、韓国（朝鮮）人に対する日本人の不満は汲めども尽きぬほどいっぱいある。

なぜ韓国人は日本人に反感をもつのか

まず第一に、韓国（朝鮮）人は反日感情を「日帝三六年の支配」のせいにするが、日本人は韓国（朝鮮）を植民地にしたのは確かに悪かったと思うものの、果たしてそのせいだけかとどうも納得がゆかない。台湾はもっと長く五一年も「日帝」に支配されており、反乱を起こして住民が虐殺された事件も一再ならず、日本への恨みがもっと深くても不思議ではないが、案に相違してわりと親日的である。また、韓国（朝鮮）は中国に千年、二千年にわたって侵略され、支配され、屈従を強いられてきて、それは「日帝三六年の支配」（それに文禄・慶長の役を加えても）とは比べものにならないほど大きな被害と屈辱であったと思われるにもかかわらず、韓国（朝鮮）人の中国に対する恨みは日本に対する恨みとは比べものにならないほど弱いように見える。また、たとえば、数百年にわたって、インドはイギリスに、ベトナムはフランスに、インドネシアはオランダに植民地化され搾取され、たびたび虐殺事件があったが、イギリスに対するインド人の反感、フランスに対するベトナム人の反感、オランダに対するインドネシア人の反感は、韓国（朝鮮）人の反日感情ほど執拗ではないようである。これらのことを考えると、韓国（朝鮮）人の反日感情は韓国（朝鮮）人が自覚していない、あるいは認めたがらない何か特別の理由があるとしか思えない。インド・ベトナム・インドネシアが独立したのは、日本軍がアジアに侵攻したことがきっかけになったものの、基本的には彼ら自身が戦って自力で宗主国を追い出したからであり、その誇りがあるので、元宗主国に対して寛大になれるのであるが、韓国（朝鮮）の独立は棚から牡丹餅《ぼたもち》が落ちてきたようなもので、日本に対して攻撃性を発散したことがない。そのため、発散されなかった攻撃性、回復されなかった誇りが深く澱《よど》んで今になって反日感情の重要な要因になっているのではないか。

なぜ韓国人は日本人を評価しないのか

不満はまだほかにもたくさんある。日本人がいちばん口惜しいのは、近代日本が出発したときの必死の思いに韓国（朝鮮）人が（中国人も）ほとんど理解も共鳴も示さなかったことである。日本人は、アジアは欧米諸国に侵略され、植民地化されており、したがって、欧米諸国を撃退し、その植民地主義からアジアを解放することはアジア人共通の目的であり正義であると考えた。同じアジア人である韓国（朝鮮）人（と中国人）は、当然、この正義を実現しようとする日本に協力してくれるはずであった。ところが、韓国（朝鮮）人はだらしなくて（日本人から見れば）、日本人のこの必死の思いに無関心で、妨害さえした。何を考えているのか、アジアの敵であるロシアに取り入り、韓国（朝鮮）に引き入れようとさえした。そのため、はじめはアジア人の連帯と団結をめざした福沢諭吉も絶望して「脱亜入欧」を唱えるようになったのだ。韓国（朝鮮）人がアジア人としての自覚をもち毅然としていれば、日本は韓国（朝鮮）を支配する必要はなかったのだ、と。

もちろん、十分な政治勢力にはならなかったが、韓国（朝鮮）にも日本と協力して欧米に対抗しようとした親日派はいたし、日米戦争中も大日本帝国の理想のために献身した韓国（朝鮮）人はいた。特攻隊員もいた。戦争中、日本軍部は六三〇〇人の採用枠で韓国（朝鮮）人を徴募したが、三〇万人あまりが応募してきたそうである。日本の敗戦後、彼らはひとまとめに裏切り者とされているが、そう単純に割り切れるであろうかというのが、日本人の疑問である。たとえば、一九四三年に日系人の志願兵で編成され、ヨーロッパ戦線で戦ったアメリカ陸軍の第四四二連隊は、白人兵の部隊よりはるかに死傷率が高かったそうである。彼らは、大日本帝国の自民族中心主義の立場から見れば間違いなく裏切り者であるが、戦後、勇敢で献身的な戦いぶりを称えられ、日米友好のシンボルとなった。彼らが裏切り者とされず、日本兵として戦った韓国（朝鮮）人（そのときは日本人であった）が裏切り者とされたという違いは、戦後の日韓関係が敵対的だからに過ぎないのではないか。

親日派や、日本兵として戦った韓国（朝鮮）人は、裏切り者とされなかったとすれば、無理やり強制されたと見なされている。しかし、もちろん、強制された者もいたであろうが、自分の判断に基づいて自発的にその道を選んだ者もいたのではないか。日本に協力することがアジアのため、ひいては韓国（朝鮮）のためだと心から信じて協力した者もいたのではないか。第四四二連隊の兵士のなかにも、強制された者ばかりではなく、自発的に志願して心からアメリカのために戦った者もいたであろう。日本に協力した韓国（朝鮮）人をすべて、裏切り者か不本意に強制された者と見なすのは、客観的判断ではなく、日本に対する敵意に基づく偏見ではないか。この点において、現代の韓国の考え方は、奇妙にも、大日本帝国の自民族中心主義の考え方と同じではないか。

また、日韓合併以後の韓国（朝鮮）の教育・産業・交通などの施設に関して日本が大いに貢献したことは確かであり、日本は韓国（朝鮮）を搾取して儲けたどころか、事実上、植民地経営は大赤字だったのに、現代の韓国（朝鮮）がそれをまったく評価しないのはおかしいではないか、

おろそか過ぎる事実認識

日朝修好条規（一八七六）から解放記念日（一九四五）までの七〇年間を韓国（朝鮮）では「対日七〇年戦争」と呼んでいるらしいが、プライドを維持するためとは言え、これはちょっとおおげさ過ぎるのではないか。さっきも言ったように、韓国（朝鮮）が日本の支配から脱したの

は、日本が他国に負けたからであって、韓国（朝鮮）人が戦った成果ではない。とくに、一九四五年八月一五日に金日成将軍が日本軍を蹴散らして凱旋帰国したという北朝鮮の嘘はひど過ぎる。韓国（朝鮮）人は事実認識をあまりにもおろそかにしているのではないか。一つ嘘をつくと、それを嘘でないと言いくるめるために限りなく嘘を重ねなければならなくなり、ついには嘘の大安売りでがんじがらめになる。

韓国は日本が何度謝罪しても大統領が代わるたびにまた謝罪を要求してくる。日本としては、もちろん謝罪する気はあるが、これでは「またか」とうんざりする。韓国では、大統領が代わると、前大統領の犯罪を告発するのが慣例みたいになっているようであるが、これは政権の連続性の認識が欠けているからではないか。前大統領が日本の謝罪を獲得すると、まるで競争しているかのように、次の大統領も負けじと同じ業績を挙げようとし、日本の首相により深く頭を下げさせたほうが勝ちだと思っているかのように見えるが、これも同じ理由からではないか。

日本による誇大妄想は韓国に大迷惑

このように、韓国（朝鮮）に対する日本の不満や非難はいっぱいあるが、韓国（朝鮮）の観点から見ると、そのまま同じ点が日本に対する韓国（朝鮮）の不満や非難の根拠となるらしい。欧米諸国を撃退し、その植民地主義からアジアを解放することはアジア人共通の普遍的な目的であり正義であると考えたのは、まさに日本人の身勝手な自己中心性だったのではないか。何の権利があって日本人は日本の理想がアジア人の共通の理想であると決めたのか。日本の理想に従わなかったからといってなぜ韓国（朝鮮）は侵略され、征服されなければならないのか。それでは、日本が撃退しようとした欧米と同罪ではないか。ヨーロッパ人は、どこがどう狂ったのか知らないが、誇大妄想に囚われて、優れたヨーロッパ文明を未開野蛮なアフリカやアジアに伝えるのはアフリカ人やアジア人のためであって、ヨーロッパ人が背負わなければならない重荷、果たさなければならない責務であると考えていたが、アフリカ人やアジア人にとってはえらい迷惑で、実際には筆舌に尽くしがたい甚大な被害を被った。韓国（朝鮮）としては、当時は、中国を宗主国とする華夷秩序がアジアの秩序であるべきだと考えていたし、必ずしもこの考えが正しかったとは言わないが、日本がこの秩序を壊し、日本を盟主とする大東亜共栄圏を建設しようとしたのは、ヨーロッパ人と同じような誇大妄想ではなかったか。日本のこの理想こそ東京裁判で裁かれたのではないか。

日本が韓国（朝鮮）の近代化に貢献したという言い方は、まさに欧米の植民地主義者の言い方とそっくりではないか。植民地にされた側としては、そのような物質的恩恵なんかよりも、民族の独立と誇りを奪われ、屈辱を味わわされたことが問題であって、日本人がこの点に無自覚・無神経なのも、欧米人と同じではないか。

韓国（朝鮮）は日本が何度謝罪してもまたしつこく謝罪を求めると日本人は言うが、それは日本人の謝罪に誠意がこもっていないからである。ある大臣が謝罪すると、すぐあとで別の大臣がそれを否定するような発言をする。左翼らしい人がおおげさな謝罪をすると、右翼らしい人がそれを嘲笑する。まるで左翼と右翼が示し合わせてバランスを保っているかのようである。これでは、本気で謝罪されたと誰が信じることができようか。

韓国（朝鮮）人が「対日七〇年戦争」を語るのがおかしいと言われるが、日本にも薩英戦争から大東亜戦争までを「百年戦争」と呼ぶ人がいるではないか。

韓国（朝鮮）は日本を侵略したことはないし、侵略しようと考えたこともないのに、その韓国（朝鮮）をなぜ日本は何度も侵略するのか。神功皇后の三韓征伐があったかどうか知らないが、白村江への出兵、秀吉の朝鮮侵攻、吉田松陰・西郷隆盛の征韓論、近代の朝鮮の植民地化など、など。関東大震災のときは朝鮮人が井戸に毒を投げ込んだというとんでもない濡れ衣を着せて数千人を虐殺した、など、など。何の恨みがあって、そのようなことをするのか。

韓国（朝鮮）は日本を侵略したことはないどころか、日本に仏教・儒教・文字など当時の先進文明を伝え、古代日本文明の基礎を与えたのは韓国（朝鮮）なのに、日本は何の恨みがあって、恩を仇で返すのか。

日韓関係とは日米関係である

このように、日韓（日朝）はことごとくいがみ合い、非難し合っているが、小滝透氏はさらに深く洞察を進め、それは日韓（日朝）の二国間で解決できる問題ではなく、その背景に広く中国との関係、アメリカとの関係があることを指摘している。この指摘は、日韓（日朝）がともに目を逸らして見まいとしている盲点を鋭く突いており、日韓（日朝）関係の縺れはここから解きほぐすことができるのではないかと思われる。

近代以前、韓国（朝鮮）は自国が中国文明とくに儒教を深く体得しているとして「小中華」と称し、東夷の日本を下に見ていたが、近代に日本はアメリカの砲艦外交に屈して不平等条約を押しつけられると、早速、アメリカの真似をして韓国（朝鮮）を砲艦外交で脅かして同じような不平等条約を押しつけ、下に見るようになった。韓国（朝鮮）も日本もともに虎の威を借る狐であった。ともに軍事的強国に対して卑屈で、昔、新羅は「大唐国新羅郡」と名乗ったことがあるし、敗戦後の日本にはマッカーサー元帥に日本をアメリカの第四九番目の州にして欲しいと懇願した者がいた。

敗戦後の日本は戦勝国のアメリカには怖くて言えないために鬱積した不満を韓国をスケープゴートにして、ぶっつけているところがある。日本人の内的自己は、依然として、先住民を大虐殺してその土地を奪って建国したアメリカが人道主義の名のもとに日本を裁いた東京裁判を決して納得していないし、アジアを欧米の植民地主義勢力から解放するために戦った大東亜戦争を不正の戦争だったとは考えていないが、アメリカにはそう言えないものだから、アメリカの代わりに、何をどう思い違いしたのか、この戦争で日本と戦って勝った戦勝国の一員でもあるかのようにふるまう韓国を嫌い、しかも、嫌う本当の理由を隠すから、その辺の日本人の心情は屈折してごちゃごちゃしている。戦後の日本の親米も韓国の親米も支配国に対する卑屈そのものであるが、日本人には日本の卑屈はあまりはっきりとは見えず、韓国の卑屈はよく見えるので、それを理由に韓国人を軽蔑している。

この点では韓国も同じで、独立後も事実上はアメリカの占領下にありながら、あたかもアメリカと同じ立場の裁判官であるかのように、韓国とは関係のない東京裁判の史観に基づいて日本を弾劾したりする。しかし、確信はもてないから、同じく屈折していて、おかしなことを言い始める。たとえば、原爆の韓国人被害者の補償を求めるなら、当然、原爆を落としたアメリカ政府に求めるのが順当であると思われるが、どういうわけか、日本政府に求め、日本政府もそのおかしさを指摘できない。原爆投下は、平和に対する罪を犯した日本にアメリカが下した正義の鉄鎚であるということになっているからであろう。

他方、北朝鮮は一貫して反米の立場に立っているので、反日・反米の心情を抱える一部の日本人は、（拉致が明るみに出るまでは）北朝鮮を「地上の楽園」と理想化していた。大江健三郎氏は北朝鮮に帰還する在日朝鮮人を「帰りたい祖国があって羨ましい」と祝福していたし、よど号をハイジャックした赤軍派の闘士たちは北朝鮮に憧れて亡命地に選んだし、朝鮮労働党の友党であった旧日本社会党は正義の国である北朝鮮がそのようなことをするはずがないと拉致の事実を否認した。朝鮮が反米の北朝鮮と親米の韓国に分裂しているので、それぞれの朝鮮はアメリカに関する日本人の分裂した両面を切り離して投影するのにちょうど適した便利な対象になっている。なおその上、大日本帝国の思想を、知ってか知らずか、北朝鮮は大々的に踏襲し、韓国もいくらか受け継いでいるので、事態はますますこんがらがっている。これでは、日韓（日朝）関係の縺れからの脱出口が見つかるはずがない。

小滝透氏は、日韓（日朝）関係の問題は日米関係・韓米（朝米）関係・韓中（朝中）関係の問題が解決しない限りは解決しないと説くが、まさにその通りであると思う。日本に関して言えば、アメリカとの関係がこのままなら、ゴタゴタした韓国（朝鮮）との関係も永遠にこのままであろう。日韓（日朝）問題は日米問題でもある。この解説ではごく一部にしか言及できなかったが、本書は日本人にとっても韓国（朝鮮）人にとっても、目から鱗が落ちる洞察に満ちている。

（小滝透『「反日嫌韓」の謎88』解説、二〇〇九年九月、飛鳥新社）

戦後は終らない

終らない戦後が問題になっているが、戦後時代の前史、幕末以来の日本の近代化とその結末の大東亜戦争が総括されない限り、すなわち、そのどこが正しかったか、止むを得なかったか、どこが間違っていたか、愚かだったかを、それにかかわった個々の人物のことも明らかにしながら、隅々まで細かく認識しない限り、戦後が終ることはない。

欧米と対決した近代日本が選んだ道、すなわち、富国強兵・脱亜入欧・日清日露戦争・アジア侵略・日米戦争へと進んだ道が正しかったか、間違っていたかに関して、いまだに日本は両極端の見解に分裂しており、統一されていない。

近代日本が選んだ道を肯定する立場。

軍事力の優位を笠に着た欧米の恫喝と脅威を受けて近代日本は、無抵抗に座視していれば、他のあちこちの民族のように、欧米に侵略され、搾取され、惨めな植民地に貶《おとし》められて塗炭の苦しみを嘗めさせられることになるのは明らかで、民族の独立と自尊を守るため、対抗上、軍国主義に走ったのは当然であり、最初は、同じく欧米の脅威を受けている朝鮮や中国と手を組もうとしたが、朝鮮や中国はだらしなくて頼むに足りなかったので、日本だけで立ち上がらざるを得ず、資源がない日本は、欧米と肩を並べる強国になるためには止むを得ず、朝鮮を植民地化し、中国を侵略したが、それは本意ではなく、愚かな朝鮮や中国を指導し、アジアを統一して、終局的には悪逆無道な欧米の植民地主義からアジアを解放するためであった。アジアの山猿のくせに、アジアで唯一、欧米に刃向かう日本を生意気だと見なしたアメリカは、小癪な日本をたたき潰そうとし、人種差別、軍事的恫喝、経済封鎖で追い詰めた。アメリカは、先住民を大虐殺してその土地を強奪したくせに、おのれのことは棚にあげて日本の中国侵略を非難するのであった。日本は、東洋平和を確立したいだけであって、アメリカと戦争などしたくなかったが、その度重なる侮辱についに堪忍袋の緒が切れて、真珠湾を奇襲し、一億一心、火の玉となって必死に戦ったが、力及ばず、武運つたなく、正義の聖なる戦いは敗北した。

近代日本が選んだ道を否定する立場。

欧米は人類を愛する善意と崇高な使命感に基づいて、野蛮なアジア人を教化するためにアジアに唯一の正しい普遍的な宗教であるキリスト教を伝道し、最高の文明である欧米文明を普及させようとしていたのだが、日本は、欧米がアジアを侵略し植民地化して、旨い汁を吸っていると曲解し、一見、欧米に従うかのように見せかけながら、欧米の真似をして軍事力を強化し、日本も欧米と同じように旨い汁を吸おうとして、アジア解放の口実のもとにアジアを侵略し、アジア各地で虐殺を繰り返し、他のアジア人を差別し、夜郎自大になって日本を盟主とする大東亜共栄圏を樹立しようとしたが、自由と民主主義と人権の普遍的な正義のために戦うアメリカに反撃され、当然のことながら、悪の大日本帝国の野望は挫折した。

冷静・公平に見れば、ペリー来航・明治維新から敗戦までの近代日本は、一〇〇%善であったとも、一〇〇%悪であったとも言えず、どちらの面が多かったかはさておき、善の面と悪の面がどちらも多かれ少なかれあったと思うが、敗戦後の日本においては、どういうわけか、近代日本の冷静・公平な見方は成立しなかった。

ここでかけ離れているかもしれないが、神経症の治療を考えてみよう。神経症の症状が不合理で不適切であることは確かであるが、治療者が、患者を馬鹿げた観念に囚われていると一方的に非難し嘲笑すれば、患者は症状を無意識へと抑圧するだけであって、表面的には一応、症状が消えて、一時的にはまともになったかのように見えるかもしれないが、抑圧された症状は、意識のコントロールを免れるから、無意識のなかでいっそう不合理になり、さらに増殖して、そのうち無意識のなかには収めきれなくなり、抑圧の壁をぶち破って意識へと逆流してくる。いわゆる「抑圧されたものの回帰」である。

神経症を真に治すためには、症状を抑圧するのではなく、理解しなければならない。症状は不合理とは言っても、部分的にはそれなりの正しい根拠があり、発生せざるを得なかったそれなりの止むを得ない事情がある。その根拠と事情を理解し、そのなかの正しい点と間違っている点とを識別し、正しい点を正々堂々と肯定して自我に組み入れ、間違っている点を納得の上、断念しなければならない。そうしないで、症状を正しい点も含めて全面的に否定すると、否定された正しい点が無意識の背後からいつまでも症状を支え続ける。すなわち、神経症は治らないどころかますます悪化する。

近代日本は全面的に誤っていたわけではない。軍国主義に走ったのも、中国を侵略したのも、真珠湾を奇襲したのも、それなりの理由があった。しかしまた、多くの愚かな間違いも犯した。ところが、敗戦の結果、正しかった点も含めて全面的に否定された。戦後日本は、近代日本を全面的に否定した東京裁判と講和条約を承認することから出発した。戦後日本の体制、その繁栄と安定はこの承認に支えられている。

否定された、近代日本の正しかった点は、日本人の心の隅のほうに追いやられたが、とにもかくにもそれは正しい点なので、それを支持する心情は消滅することはなく、燻《くすぶ》り続ける。否定されただけに、この心情はますます頑固な信念へと凝り固まる。他方、戦後日本の体制の立場から見れば、この心情は、日本国民の豊かな生活と安定を支えている戦後体制を危うくするとんでもない無知蒙昧、非常識である。あれほどの惨禍を招いた愚行を繰り返す気かと、一顧だに値しない狂気の沙汰としか思えない。このように、両極端の見解が対立すると、お互いに相手の見解の極端さ、過激さ、不合理さだけが目につき、相手のそのような極端で過激な見解に引きずられないためには、それに反対する自分の妥当な見解が必要なのだと確信するようになり、悪循環が起こって、双方ともにますます極端で過激になる。かくして、敗戦までの近代日本に関する肯定派と否定派の対立は解消しない。

肯定派と否定派の対立を解消するためには、肯定派、否定派それぞれの正しい点を頭ごなしに無視することなく、あますところなく冷静に詳細に慎重に考察し、検討し、その根拠を理解し、統一的見解へと採り入れる必要がある。しかし、たとえば、肯定派の正しい点を採り入れることは、戦後日本の体制の安定の根拠を揺るがすことになりかねないので、否定派に抵抗されるであろう。また、逆のことも言える。否定派を正しいと認めると、危機に瀕した祖国を救おうと身命を賭した愛国者は馬鹿だったということになるので、肯定派は怒り狂うのであろう。要するに、右翼の舞い上がりとか、左翼の腰抜けとか、反米とか、親米とか、言わないで、お互いに相手の見解に耳を傾け、肯定派は否定派の、否定派は肯定派の正しい点を正しいと認める必要がある。そうできるまでは、日本の戦後は終らない。

（『myb』二〇一三年冬号、みやび出版）

中国のナショナリズム

チベット問題や北京オリンピックの聖火リレーを見ていると、中国のナショナリズムは過激化の一途を辿っているようである。しかし、もともと中国という国に、ナショナリズムは存在しなかった。いや、正確に言えば、世界中すべての国に、ナショナリズムは存在しなかった。

ナショナリズムの起源は、十八世紀末に起きたフランス革命にさかのぼる。フランス革命によって国民に主権が委譲されるのと同時に、国民国家というイデオロギー、すなわちナショナリズムのもとで国民には国防の義務が課され、国民軍が創設された。それまでヨーロッパにおける戦争は職業軍人である騎士同士が戦うもので、民衆はそれをただ見物するだけだった。

国民軍を率いるナポレオンは周辺諸国を次々に打ち倒し、「戦争の天才」と呼ばれたが、組織化された近代的軍隊と騎士との戦争では、勝つのが当然であり、別にナポレオンが天才だったからではない。このときヨーロッパで何が起きたのかというと、フランスに屈辱的な負けを喫した他の国々が、フランスを模倣して国民国家に転換し、国民軍を創設してフランスに雪辱を果たしたということである。つまり、侵略を受けたことで、他の国々にナショナリズムが喚起され、国民国家と国民軍が次々に誕生したのである。

ヨーロッパで起きた変革は、やがて世界へと波及していく。日本がナショナリズムに目覚めたのも、ペリーの来航がきっかけであった。当時の欧米列強のやり方は暴力団そのもの。日本はアメリカの恫喝に屈し、戦わずして降伏し、不平等条約に調印させられた。関税の自主権を奪われ、治外法権を認めさせられるということは、植民地も同然の扱いであり、いわば暴力団支配されたのである。それが大きなトラウマとなった。

日本は、そのトラウマから脱するために、欧米を模倣して近代化をはじめる。それまで日本国内では三百諸侯が各藩を統治していたが、廃藩置県が断行され、天皇を中心とした中央集権的な近代国家が成立する。日本のナショナリズムは明治維新で確立されたということである。もっぱらアイヌ民族が住んでいた北海道全土を明治時代に日本の領土として開発したのは、領土意識が芽生えたからである。純粋な日本民族などというものは存在しないが、ナショナリズムは純粋な民族を想定する。単一民族神話、天皇を中心とした大和民族神話という幻想もここで生まれたのである。

当然のことながら、アヘン戦争以前の中国にも、ナショナリズムはなかった。中華思想があったではないかという反論があるかもしれないが、中華思想はナショナリズムとは異なる。中華思想では、「中国イコール世界」であり、世界の中心である中原《ちゅうげん》には世界唯一の優れた文化があり、東夷《とうい》南蛮西戎《せいじゅう》北狄《ほくてき》と、中原から離れれば離れるほど野蛮人の住む地になるということになっていた。だから、民族意識も領土意識もきわめて希薄だった。

チベットや朝鮮が属国だったと言っても、植民地ではなく、中国皇帝に貢ぎ物を差し出して恭順の意を示したら、皇帝は満足し、貫禄を示して貢ぎ物以上のお土産を渡すという朝貢貿易をしていただけで、逆らわなければ、中国は武力で侵略するようなことをあまりしなかった。

漢民族というのも人種ではなく、文化集団のようなものである。遠方から、彼らが言うところの「野蛮人」が中原に集まってきて中国文化を受け容れ、自らの出自を忘れてしまったのが漢民族であると言える。昔の中国人は民族を意識することもあまりなかったのである。

中国は世界の中心であるという幻想に浸っているうちは、非常に鷹揚な国であった。しかし、一八四〇年から四二年に、夷狄《いてき》であったはずのイギリスにアヘン戦争で徹底的に痛めつけられ、一八五六年から五九年、またもイギリスとフランスにアロー戦争で敗れ、一八九四年から始まった日清戦争でも野蛮国だと思っていた日本に敗れ、欧米諸国や日本による半植民地化という屈辱を味わうことになった。

ここでも、先にナショナリズムに目覚めた国が戦争に勝つという図式が成り立っている。そして、欧米諸国や日本と同様、中国でも屈辱感からナショナリズムが喚起され、孫文をリーダーとする国民党が誕生する（滅満興漢）。読んで字のごとく、国民党はナショナリズムの政党である。

その後、アメリカの傀儡《かいらい》である国民党・蔣介石政権、ソ連の傀儡である共産党・毛沢東政権、日本の傀儡である汪兆銘政権が並び立ち、内戦と日中戦争の泥沼にはまりこんでいくが、とりあえず、歴史の話はここまでにしておく。

「屈辱を与えられた者は自分に屈辱を与えた相手と同じ行動をとる」という現象は、精神分析では「攻撃者との同一視」と呼ばれる。たとえば、欧米の軍事力の脅威にさらされた日本が軍国主義国家になるとか、暴刀を振るう親に育てられた子供は、自分が大人になったときに自分の子供に暴力を振るうとか。

しかし、そもそも自分を圧迫する敵を真似るという行為こそが、実は個人が自我を形成するメカニズムなのである。自分に対する攻撃者、支配者である親の自我を採り入れて、子供は自分の自我を形成する。

この構造は国家にもそのまま当てはまる。攻撃してきた敵国がナショナリズムに依って立っていると、それを真似して、攻撃された国家はナショナリズムは依って立つ攻撃的な国家となる。

日本は明治維新でアメリカという親分についたが、日露戦争の勝利で過信に陥り、日米戦争では親分に楯突いた。ところが、アメリカに「子分のくせに生意気な」と完膚なきまでに叩きのめされ、今度こそ経済から文化から何から何までアメリカの真似をするようになった。いわば、ペリー、マッカーサーと二度もアメリカに強姦されたようなものであるが、日本は、そのトラウマを克服できなくて、いまだにアメリカを模倣し続けている。

その視点で見れば、確かに大日本帝国と中華人民共和国には、符合する点が多い。

中国が近代においてナショナリズムの国家になったとき、領土意識や民族意識が芽生え、漢民族は他の民族より優秀であるとする漢民族優越主義という幻想が生まれたと思われる。その延長で無理やりチベット人やウィーグル人やモンゴル人の文化や宗教を弾圧し、漢民族に同化させようとしている。こういった同化政策は、日韓併合を彷彿とさせる。

そもそも日本が中国に侵略したのは、日本が盟主となって欧米諸国の植民地主義からアジアを解放して、大東亜共栄圏を建設するという構想に基づいていたが、この構想は、中国を中心とする華夷秩序を根幹とする中華思想のマネかもしれないし、最高の文明を世界に伝え、世界を支配しようとする欧米のマネかもしれないが、いずれにせよ、この構想に中国が協力しなかったため、日本は暴支膺懲と称して中国を懲罰しようとした。同様に、中国も七九年の中越戦争のときは「ベトナムを懲罰する」という言い方をした。

チベット弾圧問題で国際的に非難され、中国の報道官が逆ギレしたり、欧米外資に対する排斥運動が起きたりしているのも、日本が満州建国を非難されて国際連盟を脱退したときと似ている。日本も中国も欧米諸国に向けた「お前らが今までやってきたことじゃないか」という気持ちは同じであろう。

中国は日中戦争で勝利したといっても、アメリカが日本を打ち負かしたおかげで勝ったところが大きく、現実には日清戦争と日中戦争の二度にわたって、日本にいいように蹂躙《じゅうりん》されたという記憶が残っている。だから、中国にとっては大日本帝国はきわめて大きな悪逆無道の国に見えていたとしても不思議ではない。一九三七年に日本軍が南京を占領した際、無差別な虐殺があったことは認めざるを得ないが、その被害者数が現実にはあり得ないほどの数字に膨らんでいるのも、共産党の反日謀略というだけでなく、彼らが大日本帝国から受けたトラウマのために被害妄想を膨らませているように見えなくもない。チベットやダルフールの問題を非難されて逆上するのも危険な兆候である。

被害妄想は往々にして誇大妄想へと逆転する。精神病は、まず「誰かが自分を殺そうとしている」「CIAのスパイが監視している」といった被害妄想から始まり、そこから「CIAが狙うぐらいだから、俺はすごく偉い恐るべき人間なんだ」と誇大妄想へと逆転し、自我がどんどん肥大してゆく。

人間というのはわけのわからぬセックスをしたり、無意味な殺し合いをしたりするのを見てもわかるように、本能が壊れた動物であり、本能の代わりに個人の人格を支えているのが自我である。しかし、自我は幻想であって、「自分はこういう人間だ」と信じていても、他人が客観的に見ればまったく違うこともある。だから、人間には自我の維持と現実への適応という二つの機能が必要だが、この二つは往々にして矛盾する。自我が大きくなり過ぎて、バランスが取れなくなってしまうのである。

中国の症状が被害妄想から誇大妄想の段階まで進んでいるとしたら、きわめて危険である。ヨーロッパ諸国は全面的にナショナリズムを放棄したわけではないが、かなり収まってきたのは、第一次大戦、第二次大戦で甚大な惨禍を見たからである。非常に仲の悪かったフランスとドイツも、今ではEUの一員である。日本もアメリカに負けて三一〇万人もの死者を出してナショナリズムはへし折られた。

しかし、ナショナリズムに目覚めて国家として成立してから、一度も痛い目を見ていないというか、他国に侵略あるいは占領されていない大国がある。それがアメリカと中華人民共和国である。大日本帝国を模倣する中国がめざすのは、中国を盟主とした大東亜共栄圏の建設であることは間違いない。そのためには、アジアからアメリカを排除する必要がある。日本はアメリカの協力者であり、中国の大東亜共栄圏構想を邪魔する存在となるわけで、その意味では、日中戦争当時の日本と現在の中国とは攻守所を変えた正反対の立場に立つこととなった。かつては日本がアメリカの支援を受けた中国と対立し、現在は中国がアメリカの支配下にある日本と対立している。

国家というのは、個人の人間と違って、合理的、理性的な判断をすると思われがちだが、決してそんなことはない。大日本帝国がいい例で、アメリカには勝てないということを多くの指導者は理解していたはずなのに、戦争に突き進むのを止められなかった。

ベルリン五輪の大成功でヒトラーは暴走しはじめたと言われるが、本来のヒトラーは国民の人気を失うことを非常に恐れる人間で、民衆のナショナリズムが高揚し過ぎて、次はどの国を屈服させてドイツ民族の栄光を輝かせてくれるかとの民衆の期待に次々と応えざるを得なくなったというのが現実のようである。中国共産党は、是が非でも北京五輪を成功させようとしているが、成功すると逆に何が起きるかわからない。軍事力でアメリカより劣るとわかっていても、暴走を止められなくなる可能性もある。

（『SAPIO』二〇〇八年七月二十三日号、小学館）

日本人はなぜ西郷びいきか

明治維新のあり方がその後の近代日本のあり方を決定した。日米戦争の敗北が明治維新から発した近代日本が行き着いた結末であった。この結末に至る種子はすでに明治維新に胚胎していた。振り返ってみれば、徳川時代の幕藩体制は、人々がむやみに殺し合った戦国時代への反省を基本とした体制であった。この体制にもいろいろ欠陥はあったけれども、それなりに辻褄が合い、それ自体として完結した体制であって、もし一八五三年のペリー来航がなかったなら、もちろん、永久不変ではないであろうが、しばらくはそのまま安定して維持されたであろう。

この安定した体制をペリー来航が揺るがした。日本は外国の要求に屈伏しなければ生存できない状況に追い込まれた。国家が存続するためには、経済が回転して国民が一応、餓死もせず安心して暮らせる現実的条件が必要であるが、それだけでは不十分であって、国家としてのプライドが保持されるという精神的条件も不可欠である。ずるずると欧米諸国と不平等条約を結ばされた幕府が国家のプライドを保持する能力を欠いていることは明らかであった。

　そこで起こってきたのが討幕派、尊王攘夷派であるが、欧米諸国に軍事力がはるかに劣る当時の日本において、幕府だけでなく、朝廷であろうが薩摩や長州であろうが、欧米諸国に対抗して国家のプライドを保持することは不可能で、要するに、尊王攘夷は空想的観念に過ぎなかった。しかし、傷つけられるとプライドは先鋭化する。そこで、尊王攘夷の看板を立てて幕府を倒した明治政府はきわめて困難な事態に直面した。先鋭化したプライドが暴発しないように何とか宥めながら、国家の生存を計らなければならなかった。天皇を神聖不可侵な神に祭り上げて「尊王」の看板は守り、将来いつの日かを期して「攘夷」は先延ばしするというのが明治政府の止むを得ない弥縫策であった。

　しかし、現実に不本意に開国させられており、欧米諸国に屈従せざるを得ないこともしばしばあるから、傷つけられたプライドは疼き続ける。傷ついたプライドを回復しようとする強い心情が人々の心に波打つのは当然であって、現政府を見て裏切られた思いの勤王の志士、特権を失った不平士族は野に満ちており、佐賀の乱、神風連の乱、秩父の乱、萩の乱、最後に西南の役と反乱が続く。

　佐々木克『大久保利通と明治維新』に説かれているように、この困難な事態において、財政的基盤も弱く、政治的土台も不安定な新国家を支えたのが大久保利通であった。大久保利通は非情で冷酷な策謀家だとされているが、彼がいなかったなら、明治政府は瓦解し、近代日本は混乱の極みに達したであろう。長年の盟友、西郷隆盛が乱を起こしたのを知ったときの彼の嘆きはいかばかりであったか。政府がどのような窮地にあるか判ってくれないはずはないと耳を疑ったのではあるまいか。この乱をやっと鎮圧した翌年、彼は、たぶん西郷を殺した張本人だと思われて恨まれたのであろう、やはり不平士族の凶刃に倒れた。

西郷隆盛は無欲恬淡な情の人で確かに高潔な人格者ではあろう。しかし、まだ兵備が整っていない時期に征韓論を主張したり、情に引きずられたとは言え反乱軍の首魁になるなど、軽率の誹りを免れがたいと思うが、にもかかわらず、首都に彼の銅像が建てられ、百数十年後の現在でも依然、国民的人気の高い英雄として敬愛されており、他方、大久保利通は絶大な国家的貢献にもかかわらず、今やほとんど忘れられている。このコントラストは、日本国民のある基本的傾向を表していると思う。すなわち、日本国民は、夢を追う空想家が好きで、現実主義者が嫌いなのである。別にそれほど非難すべきことではないと思うかもしれないが、この傾向こそは日本国家の重大な過ち、たとえば対米宣戦の第一の動機である。この傾向の背後には傷つけられたプライドがあるというのがわたしの考えである。そして、この傾向はまだ治っていない。その証拠に、西郷隆盛の人気は少しも衰えていない。

（『文藝春秋』二〇〇九年六月号、佐々木克『大久保利通と明治維新』吉川弘文館、書評）

聖俗分離と和魂洋才

広大無辺の宇宙に無数の星があって、その一つが地球である。ほかの星のことは知らないが、地球には生物がいる。生物には大きく分けると動物と植物がいるが（どっちつかずのものもいるらしいが）、動物のなかの一種に哺乳類がいて、哺乳類にもいろいろなのがたくさんいて、人類は哺乳類に属している。動物（植物もであるが）のいろいろな種は、それぞれの種がこの地球上でどう生きるのがよいかについての見解の表現である。動物としてどう生きるのがよいかについては、普遍的に正しい見解はなく、哺乳類のくせに蝙蝠《こうもり》のように空を飛ぶのがいいと判断した奴もいるし、鯨のように海に戻るのがいいと判断した奴もいるし、この見解は実にばらばらで、空を飛ぶのが、あるいは、海に戻るのが正しいわけでも間違っているわけでもない。

人類以外の動物においては、どう生きるのがよいかについての見解は種によってほぼ決まっていて、それは本能と呼ばれる、肉食動物は肉しか喰わないし、草食動物は植物しか喰わない。パンダは竹しか喰わないし、コアラはユーカリしか喰わない。ところが、どういうわけか、人類は本能が壊れていて、どう生きるのがよいかについて本能は指示してくれず、本来なら、個人個人がそれぞれ勝手に判断し、選択し、決定しなければならないはずである。これは大変な負担であって、事実上、個人が容易に背負いきれることではない。この負担を軽くするため、人類は集団を形成し、集団の行動規範をつくり、個人はなるべくそれに従って生きることにしたと考えられる。それは本能の規範と違って、従いたくないなら従わないこともできる。

ところで、蟻や蜂の集団は本能に基づいて形成され、集団の成員である蟻や蜂の個体がどう行動するかは本能によって決まっており、働き蜂は働くことしかしないし、女王蜂は子を生むことしかしないが、人間の集団に関しては、どのように集団を形成するか、集団の成員である個人はどう行動するかは、それぞれの集団、それぞれ個人が勝手に決めなければならないし、勝手に決めることができる。しかし、それぞれが勝手に決めるのは難しいし、勝手に決めていたのでは、集団としても個人としても生存がおぼつかないので、一定の規範を設定し、選択し、採用する。文化とか伝統とかは集団が選んだ規範である。ある程度共通の規範を採用した集団は、共同体となり、部族になり、民族になる。個人が従うべき規範として風習とか慣例とか道徳とか倫理などが設定される。

そうした規範はすべて恣意的なものであって、普遍妥当な根拠はないから、集団と集団とのあいだには規範をめぐってつねに争いが起こりがちであり、勝った集団が負けた集団を統合し、その規範を押しつけたりする。また、人間社会の規範には、本能と違って、個人は従わないこともできるから、同じ集団のなかの個人と個人とのあいだにもつねに争いが起こりがちであり、争いを収めるために集団内には権力関係・権威関係が張りめぐらされている。

さて、地球上では、あらゆる動物のなかで、哺乳類の一種である人類が、どういうわけか、飛び抜けて猛烈に繁栄し、あますところなく地球のあらゆる隅々まで住みついていて、他のすべて動植物（おそらく細菌や深海生物などを除いて）を支配して威張っている。そして、その地球上の人類は数えきれないほど多くの民族に分かれているようであるが、日本民族はその一つである。

人類は大昔にアフリカで発生したとのことであるが、アフリカで発生した人類の一部がどのようにして日本列島に辿り着き、日本民族となったかはよく知らないけれども、いろいろ想像することはできる。想像が当たっているかどうかは保証の限りではないが……。

とにかく、日本列島では人類は発生しなかったらしいから、現在、日本民族とされている人たちは日本列島にあちこちから流れ着いた人たちの子孫であろう。たぶん南洋諸島から、東南アジアから、中国大陸から、朝鮮半島から、シベリアから、樺太から流れ着いたのであろう。したがって、日本民族が雑種であることは確かであろう。もちろん純粋な民族なるものは存在せず、どの民族も多かれ少なかれ雑種であるが、日本民族は雑種の程度が高いと言えるのではないか。一般に、誰でも、自分が生まれたところで過不足なく生活できるのであれば、余所へは行きたがらないものであって、生まれ故郷を出て、日本列島へ移り住んだということは、生まれ故郷で嫌われたか迫害されたか差別されたか、あるいは、何らかの生活条件の悪化のために住みづらくなったからであろう。これはわたしの仮説であるが、そのため、日本民族の無意識の深層には激しい劣等感、屈辱感があるのではないかと思われる。この劣等感、屈辱感は、歴史のさまざまな局面で噴き出してくる。

いかなる民族にも、民族性というか、行動パターンというか、世界把握の仕方というか、世界観というか、それぞれの文化の特徴があるが、それは、それぞれの民族が形成され始めて以来どのような経験をしてきたかということ、いわば、その民族の原体験、歴史によって形成されてきており、そして、その特徴がまた新たに歴史を形成しつづけている。それぞれの文化の特徴は悠久の昔からの歴史に深い根拠があるので、容易に変えられるものではないであろう。

迫害されたか差別されたかしてさまざまな人々がやってきたこの列島は、幸運なことに、比較的に気候も温暖で、自然条件に恵まれていて、人々はそれほど血みどろの争いをしなくても暮らしてゆけたのではないかと思われる。そして、なによりも幸運だった（ある意味では、不運だったかもしれない）ことは、高度な文明をもつ大きな国が遠過ぎもせず、近過ぎもせず、適当なところにあったことである。もし、列島が大陸から遠く離れ、太平洋の真ん中あたりにあったとすれば、日本民族は太平洋の島々の民族のように、いわゆる「未開の」状態にとどまっていたかもしれない。またもし、大陸と陸続きであったか、そのごく近くにあったとすれば、日本は大陸の勢力に侵略され、その属国になっていたかもしれない。ところが、列島は、大陸の文明から切り離されて影響を受けないほど遠くはなく、日本海に隔てられて、大陸の軍事力にたやすく攻撃されるほど近くはないという、実に微妙な地理的条件に恵まれていた。

いかなる民族もそれぞれ特殊な自然的、地理的、歴史的条件のもとにあり、それぞれ特殊な文化を形成しているのであって、日本だけが特殊ではないが、このような特殊な条件のもとにおかれた民族として、日本民族の民族性、歴史における特異な行動を理解しなければならないであろう。中国という先進文明の近くに存在していて、かつ、それに組み込まれず支配されず、その影響を受けながらある程度の独自性を保っているという状況は、メリットも大きかったが、デメリットもあった。そのため、日本は大陸文明に対する態度の分裂を抱え込んだ。日本は、一方では、大陸文明を崇拝し、模倣しようとしながら、他方では、独自性を侵されまいとして、大陸文明に反発し、敵対する。

わたしは、前者の傾向を外的自己、後者の傾向を内的自己と呼んだが、この外的自己と内的自己との葛藤と分裂の例は、日本と外国との関係の歴史にふんだんに見られる。

たとえば、聖徳太子が隋の皇帝の煬帝に与えたと言われている有名な「日出ずる処の天子、書を日没する処の天子に致す、恙《つつが》なきや」という国書に関しては、当時の超大国の隋の皇帝に対してへりくだることなく対等な態度を堅持してわが国の誇りを守った勇敢で立派な振る舞いであったという説もあるが、隋にとってはいてもいなくてもどうでもいいようなちっぽけな倭国からそのような書を出すのは身の程知らずの愚挙であったことも確かである。この国書は煬帝の不興を買ったそうで、悪くすれば、隋の攻撃を招いたかもしれなかった。

この国書事件の六百数十年後、北条時宗は東ヨーロッパまで征服していた当時の超大国の元の皇帝フビライが寄越した使節の首を刎《は》ねて元寇を招き、さらにその六百数十年後、日本軍部は日本の十数倍の工業生産力をもつ超大国のアメリカに宣戦し、真珠湾を奇襲した。北条時宗も日本軍部も、日本を馬鹿にしていいようにあしらおうとした元またはアメリカに屈伏することなく、勇気をもってプライドを守った（守ろうとした）とも言えるし、身の程知らずの大馬鹿者だったとも言える。

同じ事件に関して正反対の両極端の見方が出てくるのは、日本が外的自己と内的自己に分裂しているからである。この分裂は全然治っていないので、日本はまた同じようなことをやりかねない。現在、日本はアメリカに途方もなく卑屈に屈従しているが、これは日本の半面の外的自己が表に出ているからに過ぎず、いつ逆転して突然、他の半面の内的自己が躍り出てくるかもしれない。かつて内的自己の赴くままに突っ走った結果があまりにも悲惨だったから、もう二度と真珠湾を奇襲したりはしないであろうが、日本人の心から真珠湾奇襲のようなことをやりたがる心情は消滅していないことを自覚し、自戒している必要がある。

日本の歴史を概観すると、鎖国と開国を相互に繰り返していることがよくわかる。このこともこの分裂の症状であろう。奈良時代から平安時代の初期までは、さかんに遣唐使が派遣されて唐の文化が採り入れられ、律令制や公地公民制が施行されていたかと思うと、九世紀末に鎖国に傾き、突然、遣唐使は中止され、かな文字ができ、和歌が詠まれ、源氏物語が書かれて国風文化が栄えたが、平安時代も末期になると、権力を握った平家が開国へと傾き、日宋貿易が推進され、厳島神社に平家納経が奉納される。すると、源氏が反発して平家を滅ぼした。源平の戦いは鎖国派と開国派との戦いだったかもしれない。「平家にあらずば人にあらず」とあれほど権勢を誇っていた平家がド田舎に追放されていた源氏に簡単に敗れたのは民衆の共同幻想が鎖国に傾いていたからであろう。鎖国派が主流となって、鎌倉時代には、元の使節の首を刎ねたことからも明らかなように、外国と交渉をもつ気はまったくなかった。

その次の室町時代には、またまた鎖国から開国に転じ、足利義満は明の皇帝に日本国王にしてもらって喜び、明との貿易で巨利を得た。足利幕府が衰退したあとに続く戦国時代は、キリスト教や鉄砲をはじめとして日用品に至るまで南蛮文化が採り入れられ、信長は宣教師に自由な布教を許し、秀吉は明を征服しようとして朝鮮へと軍を進めるし、まさに開国の花盛りであった。

関ヶ原の戦いは、信長・秀吉の路線を引き継ごうとする開国派の勢力と、もう外国とかかわるのはうんざりだ、外国のものは飽きた、戦さも飽きたという鎖国派の勢力との争いであった。鎖国派が勝って、人々がやたらに殺し合った戦国時代に対する反動で徳川時代となると、日本は喧嘩両成敗の原則を立てて争いを戒め、鉄砲を捨て、生類憐みの令を発令して生命尊重の思想を徹底させ、二百数十年の平和な鎖国状態を享受した。しかし、幕末に、四隻の戦艦を率いたペリーがやってくると、軍事的無力を思い知らされ、これまで外国の脅威を無視して安逸の夢にまどろんでいたのは大間違いだったと、過去を全否定し、逆の極端に走り、文明開化、富国強兵に邁進し、アジアの弱小国から世界の五大強国の一つにのし上がった。ところが、アメリカに警戒され、いじめられて腹を立て、アメリカと戦って惨敗して、これまで軍事力で国の栄光を追求しようとしていたのは大間違いだったと、またまた過去を全否定し、逆の極端に走り、もとの弱小平和国家に舞い戻ったのであった。

ペリーがやってきて開国を迫られたときの日本の反応は、日本文化の特殊性をよく示している。欧米勢力のアジア侵略、植民地化がわりと簡単に成功したのは、アジアの諸民族、諸国家が無警戒、無抵抗だったからである。侵略する欧米勢力にはじめて本格的に抵抗したのは日本であった。日本は、ペリーの開国要求に対してただちに激烈な攘夷論が荒れ狂ったが、軍事的にはまったく弱かったから止むを得ず開国を承認した。しかし、もちろん、心から納得して承認したのではなく、ペリーの恫喝に屈して屈辱感は深く疼いており、ホンネは攘夷であって、開国は一時の便法のつもりであった。

日本は、欧米諸国の侵略と植民地化に腹を立て、反撃したくなるのは、人間として民族として国家として当然のことであると考え、同じように欧米諸国に侵略されているアジア諸国、とくに近くの朝鮮や中国も同じように腹を立てているに違いないと決め込み、彼らと手を組んで欧米諸国に対抗しようとした。もちろん、朝鮮や中国にも、日本人と志を同じくする人たちはいたことはいたが、いかにも少数派で、たとえば閔妃《ミンビ》は、あろうことか、侵略者のロシアを朝鮮に引き入れようとしたりして、朝鮮はまったく頼りにならなかった。

欧米の脅威に国を挙げて立ち向かおうとしたのが、少なくとも最初のうちは、主として日本であったのは、さきに述べたように、日本民族が差別されて列島に流れ着いた人たちが形成した民族であったことも一因ではないかとわたしは思っている。もともと被差別意識が強いので、欧米諸国による侮辱に敏感だったのであろう。日本は、このことを日本の特殊な事情によることとは思わず、侮辱された誰にでも共通な普遍的反応だと考えた。そのため、日本と同じように一丸となって欧米に反発し、抵抗しようとしない朝鮮や中国をプライドの低い遅れた愚かなだらしない人たちと見なし、欧米の植民地化勢力からアジアを解放する使命は、他のアジア諸民族を当てにせず、日本が担わなければならないと考えた。脱亜入欧の思想である。

日本が脱亜入欧の方針を選ばざるを得なかったのは、日本人としては真剣に熱烈に他のアジア人たちと手を携えてともにアジア解放の理想を実現しようとしたのだが、朝鮮人や中国人がこの理想を理解せず、あまりにも愚かで頼りにならなかったので、止むを得ず、日本が先頭に立って他のアジア人を支配し、指導しなくてはならなくなり、そのため、心ならずもときには彼らの意に逆らい、彼らを傷つけることになったのであって、それは本意ではなかったという説がある。この説はまことに日本人には都合がいいが、しかしまた、脱亜入欧とは、日本がアジアから脱し、欧米の立場にたって欧米と同じようにアジアを支配し搾取するための口実に過ぎなかったのであり、他のアジア人が日本に協力しなかったのは、愚かだったからではなく、日本人が身勝手で傲慢だったからであったとの説もある。このいずれの説もそれなりの根拠はあり、どの面を見るかによって、正しいと言えば正しいし、間違っていると言えば間違っているであろう。日本人も全員が同じことを考えていたわけはなく、真剣にアジアを解放することをめざし、懸命に努力した者もいたであろうし、この機会に他のアジア人を搾取して儲けようとしか考えなかった者もいたであろう。そのどちらが多かったであろうか。

そのどちらが正しいか、どちらが主流あるいは傍流であったかを判断する根拠として、現実に日本という国が、他のアジア人に対して明治維新以來、一九四五年の敗戦まで具体的にどういうことをしたか、とくに大東亜戦争とは何であったかが資料となるが、この資料も多くの曖昧さや矛盾を含んでいる。日本は、脱亜入欧、富国強兵の路線を進んで、日清、日露、第一次大戦に勝利して軍事大国となり、結局、大東亜戦争に敗れてアメリカの属国になって今日に至っている。この大東亜戦争が欧米帝国主義の植民地になっていたアジアの諸民族が独立するきっかけになったことは確かであるが、他方、日本は朝鮮を植民地にしていたし、中国を侵略し、あちこちで残虐行為を働いたことは否定できないから、この戦争には正しかった面がないではないが、正義の戦いだったと称するのはやはり無理であろう。

同時に、日本にも言い分がないではなく、戦後の中国や朝鮮のように、この戦争を全面的に悪だったと決めつけるのも無理であろう（中国や朝鮮は日本に侵略され、植民地化されて傷ついた誇りを取り戻すためにも、そう思いたい気持ちはよくわかるが）。

大東亜戦争に関して、広く出れば近代日本に関して、さらに広く出れば日本の歴史に関して、矛盾するさまざまな見方ができるおおもとの原因は、すでに述べたような、古代における日本民族の成立にかかわる特殊な事情にあると思われるが、そのために特殊な文化を形成していた日本が、同じくその特殊な事情によって特殊な文化を形成していたヨーロッパと出会ったのが十六世紀の戦国時代であり、いったん中断してふたたび出会ったのが十九世紀中葉の幕末である。それぞれ別な形で特殊な文化である変な日本文化と変なヨーロッパ文化が出会って近代において相争い、変な世界史が展開した。

ヨーロッパ文化も変な特殊な文化である。ヨーロッパの歴史がおかしな歴史となった起点は、わたしによれば、紀元前十三世紀にエジプト帝国から大勢の奴隷が逃亡したことにある。この奴隷たちはユダヤ民族を形成し、今のパレスチナに辿り着き、ヤハウェを唯一絶対神とするユダヤ教という一神教を創始した。長くなるので、ユダヤ民族の詳しい歴史は省略するが、世紀の始まりの頃、ユダヤ民族の国、イスラエルはローマ帝国の植民地であった。ユダヤ教徒は、ローマ人には奇妙としか見えない、割礼や食物規定などの戒律を厳密に守り、唯一絶対神を崇拝して皇帝もローマの神々も敬わないため、ローマ帝国において厳しく差別され弾圧されていた。その差別と弾圧に耐えかねてユダヤ民族は二度もローマに対して絶望的な戦争を起こすが、もちろん、二度とも惨敗する。

そのとき、追い詰められていたユダヤ人に便利な脱出口を提示する者が現れる。イエスである。彼は、神の国、天国を説いて現実の地上の世界で惨めな状態に喘いでいたユダヤ人に救いを与え、ユダヤ教の戒律は必ずしも守らなくてもよいとして、ユダヤ人を厳しい戒律の呪縛から解放した。ユダヤ教徒の一部はキリスト教徒となり、さらにゲルマン系のローマ軍兵士など、ユダヤ人以外の者も信者に加わるようになった。

はじめのうち、ローマ皇帝は、ユダヤ教と同じくキリスト教をも弾圧したが、キリスト教徒が大きな勢力となったためか、あるいはほかの何らかの理由のためか、弾圧できなくなり、ついには、ローマ皇帝がキリスト教に帰依し、キリスト教はローマの国教となった。

ローマ帝国はヨーロッパに支配を広げ、支配地にキリスト教を押しつけた。ここで、古代ヨーロッパにおいて、古代日本と同じような状況が出現した。ヨーロッパも、近くに圧倒的に強い先進文明があり、その文化と宗教が入ってきて、それまで信じていた固有の文化と多神教(ゲルマン神話に見られるような)が脇に追いやられた点では日本と同じである。その結果、ヨーロッパも、日本と同じように、外部の文明を崇拝し模倣する外的自己と、外部に対する劣等感を補償し、外部に反発し、独自の文化を守り、誇りを保とうとする内的自己とに分裂した。キリスト教がこの分裂を肯定した。内面と外面を使い分けることができる、というより、使い分けざるを得ないのは、心服できない支配者に服従しなければならない植民地人の宿命であるが、キリスト教はそういう状況にあったユダヤ人向けに成立した宗教だからである。キリスト教は、内部構造からして、外的自己と内的自己との使い分けを支持するようにできていた(「カエサルのものはカエサルへ、神のものは神へ」)。

もちろん、ヨーロッパと日本では異なる点も多い。ローマ帝国はキリスト教をヨーロッパに押しつけたが、中国は中国文化を日本に押しつけたわけではなく、日本が自ら進んで採り入れた。また、キリスト教はユダヤ教から派生したもので、同じく一神教であり、旧約聖書を読めばわかるように、ヤハウェは嫉妬深く復讐心が強く懲罰的な憎しみの神であり、キリスト教は、愛の宗教と自称するものの、実際には、奴隷の宗教であるユダヤ教の伝統を引き継いでおり、他の宗教を邪教だとしてすべて排除する独善的な宗教である。それに反して、仏教は寛大で、神道と共存するのを厭わず、神道を撲滅しようとはしなかった。宗教以外の点を言えば、ヨーロッパの土地は痩せていて生産性が低く、南部を除いてほとんど寒冷地であって、ヨーロッパ人は認めたがらないが、ヨーロッパ民族は近代以前は世界ではいちばん貧しい民族であった。また、源平の争いや戦国時代はあったものの、日本には平安時代や江戸時代のように長く平和が続いた時代が多いが、歴史的にヨーロッパほど各国、各民族、各宗派、各団体などがすさまじい争いと啀《いが》み合いと殺し合いを休みなく続けてきた地域はほかにない。

近代は、ヨーロッパ人の大航海から始まるが、大航海とは、ヨーロッパ人は進取の精神と冒険の勇気の成果だと自画自賛しているが、ありていに言えば、ヨーロッパにおける貧窮生活に耐えられなくなって外の世界によりましな生活を求めて出かけて行った喰いつめた難民の逃亡なのである。基本的には貧窮生活から脱出しようとする衝動に動機づけられていたのであるが、近代ヨーロッパ人は、ローマ帝国に植民地化された屈辱をバネとし、憎しみと復讐の宗教であるキリスト教を後ろ盾とし、聖を便利な下僕に使う俗の権力に支えられて、大航海を第一歩に世界征服へと乗り出したのであった。彼らがアフリカ、アジア、アメリカで何ら敵意を示さなかった現地の人々を搾取し、虐殺したのは、その目的からして必然であった。

それまでヨーロッパ人はヨーロッパ内でお互いにさかんに争い、殺し合ってきたおかげで、戦さに慣れ人殺しのタブーも弱く、武器もヨーロッパ人以外の民族とは比べものにならないほど飛び抜けて発達して、戦術と戦略にも長けていたから、自然の恵みに恵まれて豊かに平安にのんびり暮らしていた無警戒な他の民族は赤子の手を捩《ね》じるように難なく征服され、その富を奪われた。近代とは、ヨーロッパ民族とその他の民族との貧富が逆転した時代であった。ヨーロッパ人はこの逆転を隠蔽した。アフリカには古代にヌビア王国、ガーナ王国があったし、ヨーロッパ人がやってくる前にはベニン王国などの王国があったが、ヨーロッパ人はそれらの王国の歴史を消し、アフリカ人はみんな、昔から今までずっとそれぞればらばらに小さな部落で石器時代のような「未開」生活をしているとのイメージを世界中に広げ、アフリカ大陸を暗黒大陸と呼んだが、それはヨーロッパ中世の暗黒時代をアフリカに投影したに過ぎない。

ところで、外的自己と内的自己との分裂は、いわゆる文明の進歩には有利なのである。キリスト教においては、この分裂は聖俗分離という形に表れた。聖俗が一体となっていれば、聖が俗を規制し、たとえば聖なるタブーが残忍な武器の発明や使用を禁止するが、聖俗が分離していれば、俗が聖の規制から解放されて、よく言えば自由に発展し、悪く言えば勝手にのさばり、逆に聖を従属させるようになる。たとえば、聖なる正義が残忍な武器の使用を正当化する口実に使われる。聖が俗に奉仕する。近代ヨーロッパにおいて自然科学と工業技術がもっとも発達したのは聖と俗が徹底的に分離していたからである（同じ一神教でもイスラム世界が遅れを取ったのは聖と俗が分離していなかったからである)。

日本においては、外的自己と内的自己の分裂は和魂洋才(近代以前は和魂漢才)という形に表れていた。和魂とは日本人が日本人であることの根拠、日本人のプライドとアイデンティティの根拠、日本の聖なる伝統であり、洋才とはヨーロッパに負けない軍事力、工業技術である。和魂と洋才を使い分けることができたことが、近代日本がヨーロッパに対抗できた理由であった(中国が日本に遅れを取ったのは、聖俗が分離していない中華思想がヨーロッパの技術の採用に抵抗したからである。言い換えれば、外国の技術を採用することは中国人のプライドに反したのである)。

ところで、聖俗分離とか和魂洋才とかの形に表れる外的自己と内的自己の分裂は、実のところ、本能が壊れた人類が罹りやすい一種の病気、人格障害なのである。この病気に関して言えば、アジア人のなかでとくに日本人がこの病気に罹っていたようであるが、日本人よりヨーロッパ人のほうがこの病気は重かったと思われる。しかし、ヨーロッパで差別されたヨーロッパ人の一部がアメリカ大陸へと逃れ、先住民を大量虐殺し、その土地を奪ってアメリカを建国し、アメリカ人となったわけであるが、このアメリカ人はもともと差別された民族であったヨーロッパ人にさらに差別され、その上、先住民の大量虐殺を正当化したため、ヨーロッパ人よりさらに重い重病人となった。

日本人がヨーロッパ人とアメリカ人（以下、欧米人）のアジア侵略に最初に反発し反撃したのは、同じ病気の病人なので、欧米人の悪意に最初にたやすく気づくことができたということも一因であろう。大東亜戦争は、アジアにおいて、この病気の病人である欧米と、同じ病気の病人である日本が戦った戦争であった。そして、当然のことながら、病気の重いほうが勝った。

外的自己と内的自己の分裂がなぜ病気なのかというと、内的自己から切り離された外的自己は、ひたすら外部（の権力、文明、文化、技術など）を崇拝し、模倣しようとするから、内的自己は貶められ、劣等とされ、そのため、被害妄想的になり、劣等感、屈辱感が強くなり、それに対する補償、反発、反動として、内的自己は逆にいたずらにプライドが高く、誇大妄想的になり、外部に対していわれなき敵意を抱き、支配欲、権力欲が強くなるからである。したがって、この病人は何の危険がなくても周りの人々を踏みつけにし、支配しようとする。そういうことだから、この人格障害の病人は傍迷惑この上ない。

欧米人が白人はいちばん優秀な人種であるとか、キリスト教は唯一正しい普遍的な宗教であって、他の宗教はすべて邪教であるとか、欧米人以外はみんな野蛮人であって、欧米人は最高の欧米文明を野蛮人に教える責務があるとか信じたのは（今も信じている？）、この病気の症状である誇大妄想の例であるが、この点では日本人も欧米人を笑えないのであって、日本は神国であるとか、東亜の盟主であるとか信じていた。

この病気の病人は、必然的に「力は正義なり」という原理を奉じる権力主義者になるから、病気が重いほうが強い。これまで強調してきたように、聖に妨げられることなく、いやむしろ、聖を正当化の口実に利用して、俗の権力をより自由により能率的に限りなく発達させ、行使することができるからである。核兵器の発明と使用はこの病気の重篤の症状であった。言ってみれば、この病気は伝染病であって、この病人は病原菌をまきちらしているのである。無菌者は病原菌を移され同じ病人になる。権力主義者に攻撃された者は滅ぼされないためには、同じような権力主義者にならざるを得ない。

そういうわけで、病人は無菌者を滅ぼすか、同じ病人に変えるから、結局、無菌者は駆逐され、地球上でだんだんと病人が大勢を占めるようになり、世界は病人で満ち溢れ、人類は危篤状態に陥っている。

言い換えれば、現在、最も重い重病人であるアメリカが世界最強の軍事力を掌握し、勝ち誇って、ますますおのれの権力の正当性と絶対性を信じ、グローバリズムとか言って、世界を画一化しおのれの権力を隅々まで及ぼし、世界を支配しようとしている。軍事力と経済力を根幹とするアメリカの権力は今や衰退に向かっているとの説もあるが、もし衰退しなかったとすれば、重病人のアメリカ、人類を何十回も絶滅できる核兵器を所持しているアメリカ、原爆の投下を正当化して恥じないアメリカが病的権力を使って支配する世界に未来はあるのであろうか。人類の滅亡どころか、生命の消滅、地球の破滅へと至らないで済むであろうか。そうならないためには、人類から核兵器を追放しなければならない。最初に核兵器を製造し、唯一使用したアメリカがまずその範を示すべきである。

（『船井メールクラブ』二〇一三年九月十三日）

ジョン・ダワー『忘却のしかた、記憶のしかた』を読む

日米戦争に関して正反対の見方がある。

アジアを侵略し、植民地化して搾取する欧米諸国の最先端のアメリカが、アジア民族のなかで唯一、欧米に抵抗する誇り高い日本を貶めようとして、日本が近代化以降に獲得した領土と利権の放棄を迫り、ことごとく日本の正義の企てを妨害し、日本を侮辱し、経済封鎖をした。日本は追い詰められ、ついに堪忍袋の緒が切れて、傲岸不遜なアメリカを討ち、アジアを欧米の植民地主義から解放し、恒久の東洋平和を確立するために立ち上がったという見方が一つある。

もう一方は、アジアを侵略し、支配しようとする傲岸不遜な日本は、あまつさえ卑怯にも真珠湾を奇襲し、太平洋に支配を広げ、アメリカに挑戦してきたので、アメリカは普遍的正義で

ある自由と民主主義を守り、人民を弾圧する独裁主義と帝国主義から世界を解放するために立ち上がったという見方である。

日本が前者を、アメリカが後者を信じる限り、日米関係は成り立たないであろう。

二〇〇一年に『敗北を抱きしめて』が翻訳出版され、日米戦争に関してどちらにも偏らない公平な見方を提示しようとしたジョン・ダワーは、本書においても、さらにその論を進め、日本の一方的で身勝手な見方にも、アメリカのそれにも、それなりの理由がないではないことを示し、かつ、それぞれの身勝手な見方はどこが間違っているかを明快に解き明かしている。

たとえば、東京裁判で弾劾された大日本帝国の犯罪は、アメリカをはじめとする欧米諸国が犯してきた犯罪と同じであることを認めている。原爆投下を正当化して恥じないアメリカ人がいることも確かであるが、この著者のように、アメリカの過誤を忌憚《きたん》なく公平に指摘するアメリカ人がいることはアメリカが誇りにしていいことである。

日本には、自国のアジア侵略を正当化する日本人がいる一方で、逆の極端に走って、事実の裏づけもせず、大日本帝国をののしりさえすれば正義だと思っている日本人もいて、日本は自国の善悪を公平に見る批判を欠き、分裂しているようである。

（共同通信扱い、二〇一二年十月）

皇室の適応能力

天皇制には、外国の脅威があったとき強化されるという特徴がある。七世紀、日本が白村江の戦いに敗れ、唐に侵略される危険が迫ったとき、天孫降臨の神話をつくって天皇を神に祭り上げ、権力の中心に据えたのが天皇崇拝を根幹とする天皇制の始まりであった。明治維新も黒船来航以後の欧米諸国の脅威に対するもので、このときも天皇が神聖不可侵の神とされ、天皇制が強化された。

他方、外的脅威が弱まると、天皇の存在感は希薄になる。鎌倉幕府や徳川幕府の時代には、当時の権力に寄り添うような形でひっそりと存在してきた。

わたしが子供の頃、天皇は軍服姿で白馬にまたがる、日本の軍国主義の象徴だったが、敗戦後は平和の象徴となった。そういった形で、時代ごとの変化をたくみに乗り越えてきた天皇家は、伝統的に時代に対する適応能力が高い家族ということができる。

昨年から後継者の問題が深刻に議論されているさなかに親王が生まれたというのも、その適応能力の表れであろう。

平和な時代には、国民は皇室に無関心になる。さほど必要のない、目立たない存在になる。しかし、いったん日本に危機が訪れるとふたたび浮かび上がってくる。天皇制をなくしてしまえば、いざ危機というときに困ることになる。日本という国をまとめるのに非常に都合のいい制度であり、天皇制が続いていくことには大きなメリットがあると思う。

また、われわれ日本人は何の疑問もなく、われわれのことを、日本という国家に属している日本人であるという意識をもっているが、その国家意識を成り立たせているのは、日本列島と呼ばれる島々に大勢の人間が住んでいるという客観的事実ではなく、この国がはるか昔から日本として存在し、はるか未来まで続くという主観的共同幻想である。その幻想の象徴として、日本には天皇制がある。日本という国には万世一系の天皇が存在するという幻想が、日本人のアイデンティティに安定感をもたらしているのである。これを馬鹿げた幻想だというのであれば、イエス・キリストもアラーも馬鹿げた幻想であり、そもそも宗教とか民族とか国家とかはいずれも馬鹿げた幻想に基づいているのである。

したがって、今後も日本にとって皇室は必要不可欠な存在だと思うけれども、わたしは天皇制絶対論者ではないので、天皇制を廃止するのなら廃止してもいいと思うが、そのときには、日本人のアイデンティティを支える別の幻想が必要であり、今のところ、天皇制に代わる別の適当な幻想は見当たらない。別の幻想を見つけないで、天皇制廃止を唱えるのは無責任である。国家は幻想に支えられているのだから、国家を支えている幻想を軽く見てはならない。日本が消滅してもいいというのなら、話は別であるが。

（『週刊文春』二〇〇六年九月二十一日号）

二つの自己に引き裂かれた日本

自民党は対米依存を基本方針とし、反米の心情は経済発展で満足させてきたが、バブルがはじけ、経済力が日本人の自尊心の維持に役立たなくなって、対米依存の屈辱が目立ち始め、自民党政権が愛想を尽かされかけた頃、沖縄問題などで何やら対米強硬策を取るらしいとか、不当に優雅に暮しているらしい官僚の特権をどうとかするとかが期待されて民主党が人気を博し、政権交替が実現した。民主党はとにかく選挙で勝てばいい、あとはどうにかなると思っていたらしく、無責任に国民が喜びそうなマニフェストを掲げたが、化けの皮はすぐ剝がれがれ今や不人気のどん底である。自民党であれ民主党であれ、馬鹿ばかり揃っているわけでもあるまいに、政権を取ると、ふらふらして所信が定まらないのは、政治家は国民が選ぶのだから、国民がふらふらして所信が定まっていないからである。わたしはかねてから日本国民はアメリカに卑屈に迎合する外的自己と、アメリカを軽侮する誇り高い内的自己とに分裂していると主張しているが、近代以来、日本はそのどちらかの極端に走り、両自己を統合して安定した中庸を保つということがなかった。日米戦争中は内的自己に凝り固まり外的自己は抑圧され、敗戦後は外的自己がのさばって内的自己は排除された。抑圧され排除された側の自己にしても消滅するわけではないから、心のどこかで蠢《うごめ》いており、表に出ている側の自己をぐらつかせ混乱させ、背後からその足を引っ張る。表に出ている自己を代表しているのが時の政府であるが、そういうわけで、日本政府はつねにぐらついている。この問題を解決するためには、どれほど偉い賢明な政治家がいてもダメであって、国民が戦争中の軍国主義も敗戦後の平和主義もそれぞれ半分の正当性しかないことを認め、そして、同じことであるが、半分の正当性はあることを認め、この二つの半正当性をともに不可欠の要因として組み込んで統合する新しい思想を構築する必要がある。

（『文藝春秋』二〇一一年四月号）

2

唯幻論始末記

わたしもついに末期高齢者となり、記憶力や判断力が衰えるなど、諸般の事情を考えてみて、ついこの前に新書館から上梓した『「哀しみ」という感情』はわたしの最後の雑文集になるであろうと思っている（もう一冊ぐらい出したいというスケベ根性がないではないが、たぶん、出ないであろう）。そして、近くにまた、同じく新書館から対話集『官僚病から日本を救うために』を出したが、これが最後の対話集になるであろうと思っている。

そこで、いろいろなことをあれこれ書いたり喋ったりした人生の最後のまとめとして、唯幻論を発表してから今日に至るまでの世間でのこの理論の受け取られ方について、いろいろ考えてみることにした。

翻訳書は何冊か出していたが、何か文章を書いて発表したことはほとんどなく、「名もなく清く美しく」とはちょっと違って、何もすることがなくて暇を持て余し、「名もなく貧しく見苦しく」ブラブラ、ゴロゴロ暮らしていたわたしに、突然、『ユリイカ』の編集長であった三浦雅士氏が一年間の連載を依頼してきたのは、今から三十数年前のことであった。由良君美氏が亡くなったあとで知ったことであるが、彼が三浦氏に、面白いことを言う男がいるから何か書かしてみたら、と勧めたそうである。当時、由良氏とわたしは同じ浜田山で近くに住んでいて、何度か一緒に酒を飲んだことがあった。

何かの賞をもらった人が、授賞式で、腹のなかではそろそろもらってもいい頃だと思っていたのに慣例的に「わたしごとき者がこのようなすばらしい賞をいただけるなんて思ってもいなかったので、びっくりしました」などとしおらしく謙遜してみせることがあるが、そのとき、わたしはそのような偽善的な謙遜からではなく本当にびっくりした。わたしは何か書くことが、しかも一年間も連載して書くことがあるとは思えなかったので、迷いながらも断ったが、三浦氏が何でも思いついたことを書けばいい、つづかなければ途中でやめてもいいと言ってくれたので、思い直して引き受けることにした。

しかし、「何でも思いついたこと」といっても何も思いつかず、あるいは、何か思いついても、そのようなことが書くに値することなのか、面白くも何ともないではないかという気がして、毎月、締切りの前には四苦八苦した。一時間も二時間も何も書かず机の前に座っていたり、緊張に耐えかねてその辺を歩き回ったりした。そこで、あるとき「途中でやめてもいい」と言われていたことを思い出し、彼に連載の中止を申し出たら、彼がまたわが家にやってきて、「面白い、面白い」とおだてるので、「そうかなあ」と半信半疑ながらどうにか連載をつづけることになった。わたしは自分の考えが世間に発表するに値するとは思ったことはなく、発表しようなんて気は毛頭なかったから、三浦氏にたまたま強いられなかったら、文章を書き、本を出すなんてことは、生涯、なかったであろう。まさに人生は偶然が決定する。

『ユリイカ』の一年間の連載と、同時に『現代思想』とかに書いた文章などを集めて本にし、『ものぐさ精神分析』と題して上梓したところ、どういうわけか、べらぼうに売れに売れて瞬く間に版を何回も重ねた（この本はそのあと文庫になり、初版から四十年近く経った現在もほぼ毎年、増刷されている）。これまた、人が「そんなことないでしょう」と否定してくれることを予定したいやらしい謙遜ではなく本当に、わたしは、こんなありふれた常識的な面白くもないことしか書いてない本がなぜ売れるのか心から不思議であった。そして、世の作家とか評論家とかは、誰にでもファンとアンチ・ファンがいるであろうから、慣れているであろうが、そのあとも意外なことがつづいてわたしは驚いてばかりいた。まさに文字通り「ある朝目覚めると有名になっていた」のであった。

この本を読んで「目から鱗が落ちた」といったような称賛の手紙が見知らぬ読者から何通もくるのであった。大学には、わたしの講義を聞きたいとあちこちの大学から偽学生がたくさんやってきた。学生でない人もきた。わが大学より偏差値が高い大学から転校してきた学生がいた。モテたことがないわたしは大いに喜んだが、見知らぬ女の読者からチョコレートが送られてきたこともあった。わたしは、フロイトの受け売りで、人間は本能とくに性本能が壊れた動物であり、したがって、人間の性行動はもともと滅茶苦茶であるという説を唱えているが、この説を聞いて安心したのか、偽学生を含めて多くの学生、とくに女子学生が性の問題についてわりと率直に話してくれ、それが『性的唯幻論序説』を書くに際して大いに参考になったという思わぬ余禄があった。『ものぐさ精神分析』には、「怨念」とか「別れ」とか「片想ひ」とか「流浪」とか、復古調というか時代錯誤というか変な新体詩が何編か載っているが、どこかの作曲家がそのいくつかに曲をつけて自ら歌い、テープに吹き込んで送ってきた。

全国のあちこちの大学や何かの団体から講演依頼があり、ついでに旅行できるということもあり、ホイホイと出向いて行ったが、そのうち自分がひどく講演が下手なことを発見し、講演するのは気が重くなり、ほとんどしなくなった。いろいろな雑誌からインタビューを申し込まれ、「唯幻論」について同じようなことを質問をされ、同じようなことを答えた。猟奇的な殺人事件などが起こると、新聞や雑誌の記者から電話がかかってきて、どういう誤解または錯覚に基づいているのか知らないが、犯人の心理についてコメントを求められた。度重なるのでうるさくなり、「会ったこともない犯人の心理なんて判るわけがないじゃないですか」(会っても判るわけではないが)とガチャリと電話を切るようになった。テレビから出演依頼がくるようになって、こちらは頼まれたので「出てやる」つもりで、ときどき出たが、とくに民放に「出してやる」という態度の人がいてびっくりし、不愉快なので、その後は、浮き世の義理に迫られない限り、原則として出ないことにしている。しかし考えてみれば、彼ら彼女らも根っから傲慢なのではなく、テレビに出たがる人があまりにも多いので、有名な芸能人以外の一般人に対しては、ついそういう態度を取ってしまう人が、ごく一部にせよ、いるということであろう。

同時に罵倒する手紙もたくさんきた（今でも、ときどきくる）。どこかに書いたが、「すべてが幻想なら、これも幻想だから痛くないだろう」というえらく論理的な（？）理由でわたしを殴った学生がいたし、わざわざ大学の研究室までやってきて、ゼミの学生が何人もいるのをものともせず昂然と『ものぐさ糖神分析』を放り投げ、「こんないい加減なことばかり書いてある本を出すなんて、けしからん。買って損をした。本代を返せ」と怒鳴ったどこかの大学の学生がいた。「家を爆破するぞ」という電話が二度かかってきて、本気ではないとは思ったが、しばらく家の周りに気をつけていたこともあった（そのようなことは気をつけても防げるわけではないが）。別の人だと思うが、ドスの利いた声で「あんなことを書いていいんですか」と電話で言われたこともある。また、匿名で、わたしがセクハラ教授で女子学生に次々に手を出しているとか、学歴や職歴を詐称しているとか、誰かの説を剽窃しているとか、唯幻論は吉本隆明の共同幻想論の言い換えに過ぎないとか、ネットにわたしの悪口を何年も飽きもせず書きつづけていた根気のいい人がいた。

称賛する読者が罵倒する読者に変身することもあった（わたしの知る限り、どういうわけか、逆方向の変身はなかったように思うが）。称賛する読者のなかには、読者というより信者といった感じの人がたまにいた。彼らは、人間に関する「真理」が存在し、それが摑めれば安心立命が得られるとでも思っているのであろうか、たとえば「どう生きるのが正しいか」なんてことをわたしに訊くのである。「正しい生き方」なるものがあると信じるのはまさに唯幻論をまったく理解していないということで、そのようなことはあちこちにある怪しげなインチキ宗教の教祖にでも訊けばいいことである。この種の読者は、そもそもわたしの説の信者になったのがおかしいが、当然のことながら、そのうち不可避的にわたしに失望落胆し、罵倒者に変身する。

もちろん、わたしを「真理」を会得している教祖か何かのように錯覚していて、期待を裏切られたために罵倒する読者に変身するというのではなく、はじめは唯幻論に感銘したが、そのうちよく考えてみて、あれこれその理論的欠陥に気づき、批判的に見るようになって称賛する読者ではなくなった人もいるであろう。彼らは称賛する読者から罵倒する読者に変身したのではなく、批判的な読者に成長したと言うべきであろう。

そのほか、個人の読者のように露骨に罵倒するわけではないが、何かの組織や団体がわたしに対して拒否的な態度を取ることがよくあった。たとえば、文部省（当時）からの通達で、大学で「精神分析」の講義をするのを禁止されたことがあった。なぜなのかよく判らなかったが、聞いたところによると、文部省には大学教員の適性を判定する何とか審議会とかいう機関があり、その機関の会議で、わたしは「精神分析」の講義をする資格がないとされたそうである。この男は医学部卒ではなく、医師免許は持っていないし、精神分析療法を行うのに必要な教育分析は受けていないし、精神分析の学会にも入っていないし、手軽なエッセイばかりで学術論文らしい学術論文は一つも書いていないのに、図々しくも精神分析家を詐称しているということになったらしい。そこで、わたしは講義題目を「現代思想」に変更することにしたが、それならいいということであった。審議会に、精神分析か精神医学関係の委員がいて、わたしが精神分析とは何の関係もないいい加減な理論を精神分析と称して講義していることが気に入らなかったのではないかと思われる。

わたしの「論文」を学術論文と認めなかったのは日本の文部省が最初ではない。昔、ストラスブール大学心理学教室に Doctorat du Troisième Cycle（大学院に二年間以上在学した者が取得できる学位だから、日本の大学の修士号に当たるであろう。今はこの学位は廃止されたそうである）の学位論文として、"Une Théorie Psychanalytique de la Personnalité" を提出し、指導教授の Lanteri-Laura 氏が審査し、好意的に評価してくれたので、合格したと思っていたところ、あとから合格していなかったことが判ったということがあったし、それから何年か後のことであるが、早稲田大学心理学教室に博士論文として『幻想の未来』を提出したが、これも不合格になった。博士号を文部省が授与するのではなく、各大学がそれぞれの基準で独自に授与することになって以来、同教室で、教授の推薦と他の教授の賛同を得て、博士論文を提出し、不合格になった（強硬に反対する教授がいたらしい）のは、わたしがはじめてで前例がないそうである。後例があるかどうかは知らない。

"Une Théorie Psychanalytique de la Personnalité" は鈴木晶氏よる日本語訳が「あるひとつの精神分析的人格論」として『出がらし・ものぐ精神分析』（青土社）と『岸田秀・最終講義』（飛鳥新社）に収録されており、『幻想の未来』は講談社学術文庫に入っているので、この二つの論文がそれぞれ空理空論であるかないか、修士号または博士号に値するかしないかを読者に判断してもらいたいところではあるが、わたしとしては、この二つの論文はいずれも、実験や調査の資料に基づいているわけではないので、空理空論だ言われれば、そう言えないこともないとは思っている。

横道に逸れるが、ついでながら言っておくと、心理学という学問はかつて哲学の一分野であったが、十九世紀に自然科学が輝かしい発展を遂げたのを横目で見て、心理学界に自然科学に対する劣等感と憧れが生じ、それ以来、心理学者たちは心理学を自然科学の一分野にしようと多大の努力を傾けてきた。欧米から心理学を輸入した日本も欧米の心理学会のこの共同幻想に感染し、日本の諸大学の心理学教室では、心理学理論が心理学理論であるためには科学的実験によって証明されることが必要であるということになった。仮に人間の心に何らかの法則性があるとしても、それが科学的実験とかいうものによって証明されるなんてことは有り得ないと、わたしは考えているが、しかし、このような考え方をしない人もいて、そのほうが心理学界の主流である。その観点から見れば、わたしの理論が空理空論となるのは致し方がないであろう。

さっき言ったように、わたしの講義を聞きにたくさんの偽学生がやってきたが、そのなかには母校の早稲田大学の学生もいた。さらにそのなかに「どうして早稲田に残らなかったのか」と訊く者がいた。わたしは「残らなかった」のではなく、声をかけられて断ったのではないのだから「残れなかった」のであるが、そのように訊かれると、腕を組んで「ふむ」と深く考える振りをして傲慢にも「教授が新教員の採否を決定するシステムでは、教授より優秀な者は教授の権威を傷つけることになりかねないので採用されないということではないか」と答えることにしていた。実のところ、早稲田大学心理学教室だけではなく、ほかの大学のどこかの教室でもそういうことがないではないと思うが、それだけではなく、空理空論しか唱えないわたしには教壇に立って「科学的」心理学の講義をするなんてことはできないと同教室の教授たちに判断されたことも理由の一つだったのではなかろうかと思われる。

ところで、人間は誰でも自分のことは判らないものだと言われるが、はじめわたしは、こんな当り前のことしか書いていないのに、なぜこのような称賛と罵倒の両極端の反応があるのかいずれも理解できなかった。どうしてなんだろうと不思議がっていると、わたしが不思議がるのが不思議だと言った友人がいた。その理由は言わなくても判るだろうと言うのである。判らないので、言ってくれと頼んだが、彼は笑っていて、言ってくれなかった。

処女作の『ものぐさ精神分析』がよく売れたので、なぜこんなに売れるのかと訝りながらも、わたしは図に乗って舞い上がり、そのあとも何冊か本を書いた（しかし、『ものぐさ精神分析』ほど売れた本はない）。そのうち、称賛でも罵倒でもない第三の反応をする人たちを発見した。そういう人は、もちろんごく一部に過ぎないであろうが、本を何冊も書いているような作家とか評論家とか教授とかのいわゆる知識人に多かった。彼らはまず、小学校の教師が生徒を褒めるような口調で「唯幻論はなかなか面白いね。判りやすいし。ほんとにうまくできているよ」と褒めてくれる。そして次に微笑みを浮かべながら「どこまで本気で書いているのかねえ」と質問してくる。わたしはこの質問の意味が判らなかった。「本気」とはどういうことなのか。世の中には「本気」でなく、本を書く人がいるのであろうか。

しかし、なぜ彼らがこのような質問をするのかとよくよく考えてみて、どうも彼らは、わたしが反常識を気取って世の人々をからかってか、ふざけてか、自分では信じていない、いい加減なことを面白半分に書いていると思っているらしいと気づいた。唯幻論は、地球は丸いとか人間は猿の子孫だとかの類いの一種のトンデモ説だと思っているようであった。唯幻論が面白くて判りやすいのは、わたしが読者に迎合して、無理やりわざわざ面白くするために、気紛れな思いつきに従い、現実の客観的資料を無視し、論理を歪め、ありもしないことを捏造したりしているからだと決め込んでいた人もいた。

わたしは、人々をからかったり、ふざけたり、迎合したり、捏造したりする余裕などなく、本気で大まじめに懸命に考えに考えてやっと捻り出したことを書いているつもりであるが、それなのに、なぜ彼らは、わたしがふざけているなどと思うのであろうか。彼らの特徴は、わたしがふざけているということに確信を持っていて、わたしがふざけてなんかいない、思いついたことをそのまま書いたのだといくら強調しても受けつけないことである。この種の人にはよく出会ったので、そのうちわたしは彼らを説得するのをあきらめてしまい、こんどはほんとにふざけて「そうですよ。バレちゃったか。さすがに鋭いですね。判る人には判るのですね」と答えるようになった。そう答えると、彼らは、「やはり、そうでしょう」と満足そうに頷くのである。彼らはわたしが本気で書いていることをふざけて書いていると解し、わたしがふざけたら、真に受けるのであった。

何はともあれ、わたしがふざけて唯幻論を唱えていると思う人がいるのはなぜであろうか。大して代わり映えのしない自分の説に大嫌いな唯物論をもじって唯幻論なんて変な名前をつけたり、処女作に「ものぐさ精神分析」なんて不まじめなタイトルをつけたりしたからであろうか。わたしとしては、それはある種の照れ隠しであったような気もするのであるが、ごく普通に学術書らしく「精神分析入門」とか「精神分析概論」とかにすればよかったのであろうか。あるいは、わたしの言うことをまともに聞いていると、すべては幻想なのだから、すべては幻想であると説く唯幻論そのものも幻想であるなんてことになって、「すべてのクレタ島人は嘘つきである」と言っているクレタ島人は嘘つきであるかどうかという難問と同じく、自家撞着に陥るからであろうか。まさか、そういうことだけが理由ではないだろうが、それも一因であろうか。

さっき言ったように、気が小さいわたしは、ものを書き始めた頃、こんなありふれた、判りきった常識的な面白くもないことを書いていいのであろうか、書く値打ちがあるのだろうか、こんな原稿は雑誌に載せてくれないのではないかと、いつもビクビクと不安で、編集者にオズオズと原稿を差し出したものであったが、多くの人にいろいろなことを言われてやっと、どうもそうではないらしい、むしろ、わたしの説は常識に反するらしいと気づいた。それで、それまでなぜなのか理解できなかったあの過大な称賛と過激な罵倒の両極端の反応の理由が何となく判るような気がした。要するに、称賛する読者は、世間の常識に縛られて何となく居心地が悪く、常識から解放されたがっていて、常識なんか幻想だと言っているらしい唯幻論がとても気に入った人、そして、罵倒する読者は、世間の常識を固く信じてそのなかに安住し、それに頼って心理的安定を得ており、その安定を唯幻論に突き崩されそうになって必死に抵抗している人ではなかろうかと考えた。それが当たっているかどうか知らないが、とにかくそう考えれば筋が通るのであった。

そう考えると、子供のときは変な子だとよく言われたこと、大人になってからも、常識外れのことをしてしまったのではないかといつもビクビクしていて、小心翼々と常識を忠実に守っているしごく常識的な人間のつもりなのに、人から常識を知らないとか、非常識だとかしばしば非難されて戸惑ったこと、そのほか、人がすることはわたしの期待と喰い違い、また逆に、わたしがすることは人の期待と喰い違い、そして、わたしが恥ずかしいことと、人が恥ずかしいこととが喰い違っていること（わたしが何の気なしにしたことで、人にそんなことがよくも平気でできると驚かれたり、人が普通にしていることが、わたしには恥ずかしくてとてもできないとんでもないことだったりする）、そうしたことのため、何となく世の中が住みづらく、あちこちによく頭をぶっつけていたが、そのわけがいくらか判ってきた。

日本人が外国人には通用しないとんでもないピント外れな考え方をしていることをからかって「日本の常識は世界の非常識」ということがよく言われるが、その言い方を借りれば、「わたしの常識は世間の非常識」だったのである。まさに主観と客観は逆比例するのであった。人々には、わたしの「常識」が世間の常識とずれていて、何だか変なことを言っているので、腹を立てた人もいるし、面白がった人もいるということだったと思われる。そして、なぜこの自分において「わたしの常識は世間の非常識」という事態が生じたのかを考えたことが、さらにそのあとの唯幻論の展開の材料として大いに役立った。

そして、わたしが本気ではなく、人をからかおうとして自分では信じていないことをふざけて書いていると思う人は、はじめは褒めてくれるので、一見、称賛する読者の側にいるかのように見えるのであるが、実は、罵倒する読者と同類ではないかと考えるようになった。彼らは、こんなとんでもない変な説が本当であるはずはないと思うのであろうか。わたしは、絶対的真理は存在しないが、少なくともいくらか真理を含み、真理に近づいた言説ほど平凡で判りやすいものだと思っているのであるが、彼らは、日常的には使わない専門用語を使った面白くもない難解な理論によってしか真理は語られないと信じているのであろうか。そのため、唯幻論が面白くて判りやすいというだけで、いかがわしい浅薄な理屈だと決め込んでしまうのであろうか。

たとえば、かぐや姫コンプレックスとでも呼びたいところであるが、ある種の男は、女にセックスを求めたとき、すぐ応じてくれると、彼女を軽く見て、彼女とのセックスは価値の低いつまらないこととなるが、彼女がかぐや姫のように無理難題をふっかけてきて、なかなか許してくれないと、彼女とのセックスはいやが上にも高い価値のこととなり、熱烈な憧れの対象となる。これと同じようなことではないかと思うが、著者のなかには、高く評価されることを狙って、やさしく言えることをわざわざ難しく言う人がいて、それに応じて、読者のなかにも、難解であれば難解であるほど、深遠な思想だと思う人がいるようである。誰でもすぐ判る単純明快な唯幻論を浅薄な理屈だと決め込む読者はその種の読者であろうか。

現代の性差別の文化においては、すぐセックスに応じる女は安っぽい女と見られてひどい目に遭わされかねないので、女が自分の性的魅力を高く評価されようとするのには止むを得ない理由があるが、著者が自分の思想を深遠な思想と思わせようとしてわざわざ判りにくい表現を選ぶのはあさましいと思うのであるが、どうであろうか。

　自分の思想を深遠な思想と思わせる巧みなコツがあるそうである。もちろん、はじめからコケ威しに無内容なことを難解な用語を使って書くという手もあるが、そのようなハッタリはそのうち見破られる危険があるので、たとえば、Aという前提からいくつかの論理の段階を介してBという結論に達したとき、ある種の著者は、自分が辿った途中の段階のことはすっ飛ばしてAからいきなりBへと書き進む。すると読者は、なぜAからBが引き出されるかがすぐには判らず戸惑うが、よくよく考えてみてやっと「ああ、そうか」と判ったりする。そこで読者は、著者がAからBへと簡単に達することができるのは、よほど優れた直観力があるか、明晰な頭脳があるに違いないと思って著者を尊敬するという寸法である。

　ところで、わたしがふざけていると思う読者の問題に返れば、彼らは、さっき言ったように知識人に多いが、一般の読者はわたしの説に納得すれば素直に賛同するが、彼らは知識人であるだけに、簡単に賛同してあとからわたしの説が変な説であるということにでもなったときに恥をかくと思って素直に賛同するのを控えるのであろうか。素直に賛同すると、知識人としての沽券にかかわると思うのであろうか。賛同しないことで、知識人としてのプライドを守ろうとするのであろうか。あるいは逆に、彼らは、単純に罵倒すると、何も判っていない馬鹿だと思われるのではないかと警戒するのか、わたしがどういうことを言いたがっているのかはよく心得ていることをまず示し、唯幻論はなかなか面白いと一応は認めるものの、心のどこかでこんなことが真実であるはずはないという抵抗があって承服する気になれないらしく（しかし、議論には乗ってこない）、そこで、この著者はふざけているのだ、「こんな屁理屈を真に受ける馬鹿がいるかもしれないが、おれはそんなことはちゃんと見破っているぞ」ということを示すために、高みに立っていったんは褒めてみるのであろうか。

またあるいは、わたしはフロイトの本以外のヨーロッパ人の本をほとんど読んだことがなく、そのためヨーロッパの哲学や思想や文学の素養を欠いているが、そのことが、唯幻論はすべては幻想であるというだけの浅薄な理屈だと思われる理由であろうか。まさかそんなことはあるまい。

それから、芥川賞、直木賞のような有名な賞をはじめとして、聞いたこともないような賞も入れると、世の中には物書きやその類いの人に授与する賞が何百とあるそうで、新聞や雑誌に文章を書いている人のプロフィールを見ると、たいてい、少なくとも二つか三つの賞をもらっているが、わたしは一つももらっていない。何かの賞の候補になったこともない。何かの賞に応募したこともないが、受賞を内示されて拒否したこともない。このようなことを言うと、わたしがあさましくも賞を欲しがっていて、当然もらえるはずだと己惚れていたのにもらえないので愚痴っているみたいであるが、正直なところ、ただ不思議なだけなのである。それを愚痴っていると思うのは、賞を出す側の己惚れであろう。わたしが不思議がっていると、一つも賞をもらえないのは当然であって、不思議でも何でもなく、それはわたしが、一匹狼か一匹豚かは知らないが、いかなる組織にも属していなくて、誰にも相手にされず孤立しているからではないかという友人がいた。それはないと思うのであるが、どうであろうか。

けだし、何百もの賞があるということは、何百もの選考委員会があるということであり、つまり、わたしの著作を賞に値すると判断した選考委員会はこれまで一つもなかったということである。これは、わたしの著作はすべていかなる賞にも値しないつまらないものだからかもしれないが（そうとは思いたくないが、そんなことは言うまでもないことだと言う人もいるであろうが）、しかし、文部省から、大学で「精神分析」の講義をするのを禁止されたり、ストラスブール大学に提出したDoctorat du Troisème Cycle（修士）論文や早稲田大学に提出した博士論文が不合格になったりしたのと同じ理由からかもしれない。すなわち、関係した選考委員会の委員たちが唯幻論はふざけた理論で、まともに相手にするに値しないと判断したためかもしれない。もちろん、わたしの著作が彼らの眼に止まらなかっただけのことかもしれないが、これほどたくさんある選考委員会のどれ一つにもわたしの著作が眼に止まらなかったとは考えにくいのであるが……。

あるいは、選考委員会の委員たちは、人間に関する問題は、古来、無数の人たちが考えに考えていろいろな理論を作って説明してきたが、なかなかうまく説明できない複雑な問題であるのに、唯幻論は「人間は本能が壊れた動物である」という簡単な前提から人間に関する多くの問題をまるで手品のように明快に説明するが、それは、一見、そう見えるだけのことであって、そのようなことが可能であるはずはないのだから、唯幻論はどこかにごまかしのあるインチキ理論に違いないと委員たちは思い、著者のわたしにうまく言いふくめられて、ひっかけられているような気がして、この著者に賞を授与したりすれば、あとで大恥をかくことになると危惧するのであろうか。委員たちがそのように思うのではないかとわたしが思うのは、わたしの誇大妄想であろうか。あるいは、自分が考えついた思想はこれまで誰も考えたことのない独創的な思想であると思っている人はときどき見かけるが、わたしもそういう人の一人であろうか。

いずれにせよ、もし一部の者に唯幻論はいかにももっともらしい理由を捏ねあげているが、まともに相手にするに値しないふざけた理論であるという判断があるとすれば、そのような判断は精神分析で言う「知性化」(intellectualization)という自我の防衛機制とよく似ているように思う。たとえば、父親を憎んでいるが、それを無意識へと抑圧し、意識的には父親を心から深く愛しているつもりの患者がいるとする。フロイトが言うように、「抑圧されたものは必ず回帰する」から、体内の毒素が体の表面に噴き出てきてデキモノになるように、抑圧された父親への無意識的憎しみが、回り道を通って歪んだ形で意識の表面に噴き出てきて、いろいろな症状を惹き起こし、彼は神経症に苦しんでいる。彼の神経症を治すためには、父親への無意識的憎しみを意識化し、引き受けて自我に組み込むか、あるいは、父親への憎しみを(抑圧するのではなく)心の底から明確に認識し、克服し、全人格的に(意識的にも無意識的にも一貫して)父親と和解するかする必要がある。父親への無意識的憎しみを意識化するとは、たとえば、幼いときに父親に虐待されたとかのことがあって、父親を憎んで当然であると理論的に理解すればいいというわけではなく、心の底から沸き起こる父親への憎しみに押し流されそうになり、心が乱れて壊れそうで恐ろしい思いをするといった体験があり、父親を憎んでいる自分を実感として知るということであって、それではじめて、父親への憎しみに直面することができ、それを克服できるのである。

精神分析療法において、分析者は患者に、彼がどうして父親を憎むようになったか、父親への憎しみを無意識へと抑圧すると、それはどのような過程を経てこれこれの症状になるか、などのことを詳しく説明したりする。ところが、彼は、心のどこかでその説明をどこか遠いところにいる無関係な他人の神経症の話であるかのように聞いており、分析者の話は彼の硬直した自我に弾き返されて、彼が無意識へと抑圧している父親への憎しみには届かない。したがって、彼がなるほど、なるほどと意識的にはどれほどその話を理論的に正しく理解したとしても、彼の神経症は少しもよくならない。彼は、父親を心から深く愛しているという偽りの自己像を維持するため、それを崩しかねない説明を理論的に正しいだけの単なる知的な知識として棚上げするのである（「理屈ではそうかもしれないが、ほんとはそうじゃないんだよ」）。

わたしが唯幻論をぶって人々をからかっていると思う人は、分析者の診断を「知性化」するこのような患者と似ていると思うのであるが、どうであろうか。

以上、称賛する読者、罵倒する読者、わたしがふざけていると思う読者の三種類の読者について語ったが、そのほかの大部分の人は、わたしの話をもし聞いたとしても、わけの判らぬこと、変なことを言っていると思うだけの縁なき衆生で、唯幻論に何の関心もないであろう。そのような縁なき衆生と比べれば、いずれの種類の読者の存在もわたしにとっては、有り難いことである。かつて讀賣巨人軍が圧倒的に強かった時代に大勢いた、どのチームが相手であれ巨人軍が負けると喜ぶいわゆるアンチ巨人ファンも一種の巨人ファンだと考えられる。どのチームよりも巨人軍のことを気にし、巨人戦しか見に行かないのだから。アンチ巨人ファンと同じように、ネットでわたしをさんざん非難する人もわたしの本を読んで何らかの強い感情を抱いたわけで、また、わたしがネットで非難されているのを見て、わたしに興味を持ち、本を買って読んでくれた人もいるであろうから、悪評も評判のうちというわけで、わたしの心は大いに傷つくものの、無関心よりは非難されるほうがはるかにましであろう。もちろん、非難されるよりは称賛されるほうがいいが、今後も忘れられずに大いに非難されつづけたいとも思う。何はともあれ、客がいなければ店は存在し得ないし、患者がいなければ医者は存在し得ないように、読者がいなければ著者は存在し得ないのだから、何十冊か本が出せたのは、褒めてくれるにせよ、貶してくれるにせよ、はたまた、わたしがふざけていると思うにせよ、唯幻論に関心を持ってくれた読者諸賢のおかげであり、読者には感謝したい気持ちでいっぱいである。

（『大航海』二〇〇九年七月号、新書館）

唯幻論批判に対する反批判

『一神教vs多神教』は十年ほど前に刊行されたが、そのとき、この本に対する批判が新聞や雑誌に出たので、わたしはその批判に対する反批判として、ただちに「精神分析は集団心理学である」という文章を書いたのだが、今年一月、その文章を拙著『唯幻論大全』に再録した。このたび、この本が朝日文庫としてふたたび世に出ることになったのは非常に嬉しいことであり、この機会を利用して、かなりの訂正や加筆を施したが、それと同時に、この文庫版の読者も同じような批判や反論や疑問をもつかもしれず、この問題に関心がないでもないであろうと思うから、いささか長くなるが、この本に関する批判と反批判を『唯幻論大全』から引用することにする。

以下、引用文。

「（中略）『一神教vs多神教』を『毎日新聞』で書評した藤森照信氏はその内容を正確に紹介し、評価してくれているのであるが、最後に「すべてを整然と説明する岸田の説に頭の中はグラリとしながらも、どっかヘンだぞと体と気持ちがついてゆかない。人間個人相手の精神分析の方法を人間集団の宗教や歴史相手にしていいものかとか、分析のやり口が一神教的だとか、頭では説得されつつも全身では困ってしまうのである」と結論しており、また、『週刊文春』で同書を書評した米原万里氏は、「至言が随所にある」とか「思い当ることが多々ある」とか、この本の内容には大いに賛同してくれながらも、「国家や文明を精神分析の手法で見ることに抵抗を覚える」とか、「寓話《ぐうわ》かおしゃべりとしては面白いのだが、かなりトンデモ本ぽい」とか批判するのを忘れないのであった」。

以上のような批判に対するわたしの反論。

「わたしの本を読んだ人たちが、全員ではないにしても、どうしても納得しにくいらしくて疑問を抱くのは、個人の精神を分析し、理解し、その病的症状の治療をめざすはずの精神分析の手法を、わたしがそのまま国家や文化や歴史などの集団現象に適用して、それを理解し、説明しようとしていることに関してである。この問題についてはこれまであちこちでいろいろと論じてもうこれでケリがついたと思っていても、また繰り返し同じ疑問をぶつけられるので、またまた繰り返しになるが、ここでまたもう一度、なぜ精神分析理論は集団を理解するために適用できるかを説明してみることにする」。

「（中略）個人を対象としているはずの精神分析を集団に適用するということに不信をもつ人は、個人と集団を基本的に異なるものと考えているのではなかろうか。たとえば、個人は生理学的実体であって、個人を行動へと駆り立てる欲望は大脳生理学を主とする生理学的条件に基づいており、したがって、個人の行動は生理学的現象として個人の次元で理解すべきであり、他方、集団は社会的条件に基づいて動いており、そうした社会的条件は個人の生理学的構造とは無関係であって、経済的、法的、思想的、歴史的などの、個人を超えた要因に規定されており、したがって、個人の行動を説明するのと同じ手法で集団の現象を説明しようとするのは、奴隷制や革命や経済恐慌を生理学で説明しようとするようなもので、牽強《けんきょう》付会《ふかい》も甚《はなは》だしい、というような考え方をしているのであろうか」。

「（中略）あるいは、彼らは（中略）個人という具体的に観察できる私的な小さい存在と、国民とか民衆とかの無数の人々がかかわる国家とか文明とかの、手に取って見ることはできず、想像するしかない巨大な現象という、規模も性質も月とスッポンのようにかけ離れているとしか思えない二つのことを同じ手法で説明しようとすること自体、何となくうさん臭いとんでもないことのように思えて反発と抵抗を感じるのであろうか。彼らは、人間の個人というものが、そして人間の集団というものがどのようにして形成され、どのような構造をもっているかについてどれほど考えた上で、個人と集団が同じ構造であるというわたしの理論を批判しているのであろうか」。

「（中略）個人と集団がなぜ同じ構造をしているのか。（中略）両構造とも、本能が壊れて混乱した場に咲き乱れた同じような幻想群を構成要素として成り立っているからである（中略）。本能が壊れた人間は、本能に基づく内部の欲求体系も、本能に基づいて知覚していた外部の自然環境も崩れて乱れてしまったので、内部的には個人としての人格体系を新たに構築し、外部的には他の人々とともに共同社会（文化）を新たに構築しなければならなかったが、いずれの構築の場合もそのために用いる材料は同じ共通の幻想群であり、構築の仕方も、その際にぶつかる限界も課せられる条件も犯しやすい失敗も同じなのである。個人という構成物も集団（民族や国家など）という構成物も同じ原因に発する同じ人為の産物なのである。したがって、必然的に同じような構造をしており、同じように狂いやすい脆さをもっている。したがって、個人の人格形成過程にトラウマがあり、その対処を誤ると、すなわちそれを直視しないでごまかすと、個人が神経症や精神病になるのと同じように、集団の形成過程（歴史）に、個人の場合のトラウマに相当するようなもの（中略）があり、そうした不快な事実を歪曲《わいきょく》したり、隠蔽したりしてその対処を誤ると、集団も、個人の場合の神経症や精神病に相当する症状（たとえば、誇大妄想的または被害妄想的になるとか、自己破壊的行動や他国、他民族に対する過剰な攻撃を強迫的に反復するとか）を呈することになる」（以上、引用文）。

わたしとしては、自説をできるかぎり読者に理解され、納得してもらいたくて、できるかぎり筋道を立てて述べているつもりであるが、その結果、読者から、高級な理論だと思わせようとして難しげな専門用語を使い、判りにくい理屈をダラダラとこねているとか、わざといろいろな意味に解せる気取った曖昧な言い方をしていかにも深遠な思想を説いているかのように見せかけているとか、支離滅裂な馬鹿げた主張を恥ずかしがりもせずわめいているとか非難されれば、大いに反省して、自説をもっと判りやすく、もっと筋道を立てて展開しようと努めるであろう。ところが、今までのところ、そのように非難されたことはなく、右に引用した藤森照信氏や米原万里氏の批判のように、「すべてを整然と説明する岸田の説に頭の中はグラリと」するとか「頭では説得される」とか「至言が随所にある」とか「思い当ることが多々ある」とか、わたしの説を一見、内容的には肯定しながら、「どっかヘンだぞと体と気持ちがついてゆかない」とか「全身では困ってしまう」とか「国家や文明を精神分析の手法で見ることに抵抗を覚える」とか「寓話かおしゃべりとしては面白いのだが、かなりトンデモ本ぽい」とか言って結局のところは、事実上、否定する批判が多い。

わたしとしては、「至言が随所にある」にもかかわらず、なぜ「どっかヘンだぞと体と気持ちがついてゆかない」のか、その「どっか」とはどこなのか教えてもらいたいが、その説明はない。要するに、邪推かもしれないが、わたしの説を聞いた読者の一部は、大儲けできる有利な投資プランをとうとうとのべたてる口がうまい詐欺師《さぎし》の話を聞いて、なるほど、理屈は通っている、その通りだと口では応じながら、腹の中では信用しておらず、おれはそんなうまい話に乗るような馬鹿ではないと思っているお金持ちのご隠居のような気持ちになるらしい。まともに相手にする気になれないとか、理屈は判ってもなんとなく気分的に腑《ふ》に落ちないというような気持ちになるらしい。説得されてわたしの説を信じてしまったら、あとで馬鹿な奴だと笑われるのではないかと不安を覚えるらしい。わたしの説が論理的に誤っているとか、論理の展開に飛躍があって、穴だらけであるとか、間違ったデータに基づいているとかの批判なら、論理の誤りを修正し、穴を塞《ふさ》ぎ、正しいデータを使えばいいわけで、対抗する手段はあるが、根拠を明示せず、「どっかヘンだ」とか、「トンデモ本ぽい」とか言われても、どう答えていいのかわからず困ってしまう。

他の著者たちについてはよく知らないが、わたしの説に対しては、なぜ、正面対決を求めるような批判ではなく、斜に構えてからかうような非難が稀《まれ》ならず出てくるのであろうか。わたしの説には、論理的反論ではなく、感情的反撥《はんぱつ》を誘い出すような何か嫌味か臭味のようなものがあるのであろうか。わたしとしては、まったく心外で気が滅入《めい》るので、どうしてなのかとクヨクヨと深刻に考えて、くどいかもしれないが、次のようなことを思いついた。

一、わたしの説、唯幻論は、人類は本能が壊れて現実を見失い、幻想の世界に迷い込んでこの地球上で変なことばかりしている変な欠陥動物であるという前提に立っているが、ある種の人々にはこの前提は上の目線から人類を見下しているようで気に入らないのであろうか。

二、この前提からの論理的帰結として、人類は最も進化した最高の動物、ホモ・サピエンスだというのはたわけた己惚れであるとして、人類の文化や文明は身体障害者の松葉杖のようなものであって、本来、無用なものであるとか、いわゆる「未開」人が「未開」であるのは、あえて「進歩」を嫌って「未開」であることを選んでいるのであるとか結論されることになるが、この結論は常識に反するので、ある種の人々は常識を覆され、己惚れを傷つけられて、不安になるのであろうか。

三、個人の人格構造は集団の社会構造と相似形を成しているという説は、個人の精神は主体的個人が独自に築きあげる独特なものであるとする近代の個人主義者の自尊心に抵触するのであろうか。

四、わたしは、いわゆるアーリア民族は存在しなかったとか、白人種は人類最初の被差別人種であるとか、ヨーロッパ民族は世界で最初に植民地化された民族であるとか、これまでの常識または定説に反するとんでもないことを口走るので、あえてわざわざ人々が驚くようなことを言って人々の注目を浴びようとしているのではないかと胡散《うさん》臭く思われ、まともに取り上げられないのであろうか。これらは仮説であって、それなりの根拠はあるものの、事実として確定されているわけではなく、ただ、そのような仮説を立てたほうが、これまでほど謎や疑問に煩わされることなく、世界の歴史の流れを理解し、説明することができるのではないかと思っているだけなのだが……。

五、処女作『ものぐさ精神分析』が出たとき、どういうわけかバカ売れして、一時的でしかないが、大いにモテはやされたことがあり、わたしは舞い上がって軽率にも何回かテレビに出たりしたので、それを見て、また、唯幻論という奇を衒《てら》ったようなタイトルから、唯幻論は世を迷わす軽佻《けいちょう》浮薄《ふはく》なテレビ向きの流行の戯言であって、着実で地道な思想ではないと思ってしまった人々がいるのであろうか。

六、論争は剣道や柔道の試合と違って勝つか負けるかの問題ではないが、およそ人間に関する理論は人間に関するどのような問題も説明できるのでなければならないなどというような大それた傲慢なことを言ったりするので、わたしの説を認めると、傲慢な奴との勝負に負けたような気がするのであろうか。そこで、わたしの説をまともに受け取ることに抵抗を覚え、わたしの説を軽くあしらおうとして、冗談、寓話、面白いおしゃべり、ヘンな説、トンデモ本などのカテゴリーに入れようとするのであろうか。

七、わたしとしては、さっきも言ったように、できるかぎり読者を説得しようとして、論理の運びに気をつけているつもりであるが、それが逆効果を招いて、説得されそうになった読者はうまく言いくるめられて、引っ掛けられたような気がしてきて、警戒するのであろうか。

八、唯幻論はすべては幻想であると主張するので、いい加減なことを面白半分にほざいて世界内における人間の存在の根拠を失わせ、人生の意味や価値を奪うと考えられ、反感を買うのであろうか。わたしとしては、唯幻論は固定した人生の意味や価値の束縛から人間を解放するのに役立つのではないかと思っているが……。

九、わたしは大恩あるやさしかった母を口汚なく罵《ののし》ったりするので、世の人々の顰蹙を買っているのであろうか。

わたしとしては、唯幻論は多くの読者の賛同と共感を得ていると思いたいが、唯幻論を拒否し、嫌っている人々がいることも確かである。どこかに書いたことがあるが、大学の教員をしていたとき、わざわざ大学の研究室にやってきて、数人のゼミ生のいる前でわたしに『ものぐさ精神分析』を投げつけ、「馬鹿げたことしか書いていないこんな本を買って損をした、代金を返してくれ」と怒鳴《どな》った他大学の学生がいたし、日比谷公園近くの日本プレスセンターで外国人記者団に講演していたとき、通訳の若い女の子が、わたしの話が気に障《さわ》ったのか、急に泣き出し、通訳するのを拒否したことがあったし、二回ほど、家を爆破するぞ、と電話してきた男がいたし、同じく電話で、「あんなことを書いていいと思っているのかね」と脅すような声で言ってきた男がいたし、手紙にいろいろ悪口を書いてくる人がいたし、ネットに長いあいだ飽きもせず、わたしが学歴詐称をしているとか、女子学生たちにセクハラしているとか根気よく書き続けた匿名《とくめい》の人がいたし、わたしがというか、とにかく唯幻論が気に喰わない人たちも

（少数だと思いたいが）いるようである。

わたしが気に喰わない、癪に障る、唯幻論が肯定できない、批判したいというのは大いに結構なことであるが、わたしは冗談を言っているのではなく、本気で真面目に自分が考えていることを述べているのだから、せめて、斜に構えて唯幻論をまともに取りあげず、軽くいなしてからかうようなことはやめて、そちらも真面目に論理の誤りや根拠の曖昧さを突くとかして、正面から批判してもらいたいと衷心《ちゅうしん》から思っている。

（『一神教vs多神教』岸田秀・三浦雅士著、二〇一三年六月、朝日文庫・文庫版あとがき、朝日新聞出版）

唯幻論の背景

まずはじめに思春期の人格障害というか、神経症というか、精神の混乱があった。すでにあちこちで何回も述べてきたが、十代の中頃から、わたしは強迫神経症と鬱病と幻覚に襲われていた。強迫神経症は、変な観念が浮かんできてどうしても追っ払えない、また、やりたくて堪らないことがどういうわけかできない、無理にやろうとすれば胸苦しくなるといった症状で、知らないところからくるわけのわからない指令に動かされて、まるで自由意志を失っているかのようであった。強迫観念に強いられて、友人に実際には借りていないお金を返そうとするとか、本を読もうとすると、読んではいけないとの観念が浮かんできて読めなくなるとか。

鬱病もわたしが勝手に自己診断したことで、記録写真で見たり、戦争の記録を読んで思い描いたりした日本兵の死体のイメージが頭にこびりついていて、それがときおり強く迫ってきて鬱状態に陥るのであった。鬱状態に陥ると、何をする気もなくなり、布団をかぶって寝込んでしまい、死んだ見知らぬ日本兵のことを考えているのであった。もしわたしが、どこか太平洋の島で玉砕戦を戦ってたまたま生き残り、夥《おびただ》しい数の戦友の死を目の当りにした兵士だったのなら、わからないではないが、敗戦は小学校（国民学校）六年生のときで、わたしは、軍国少年であった覚えはなく、家族や親しい人の誰かが戦死したわけでもなく、それまで戦争にとくに関心があったわけでもなく、空襲されなかった田舎の町で戦争から何の被害も受けず暮らしていただけなのに、あるときから急に何の関係もない死んだ日本兵のせいでなぜ鬱状態に陥るのか、わけがわからなかった。今では、それほどひどい鬱状態に陥ることはないが、電車に乗っているときなど、ふと死んだ日本兵のイメージが浮かんできて、涙がにじんでくることがある。敗戦からもう三分の二世紀以上を過ぎているが、十代に心に刻み込まれた印象は生涯消えないようで、死んだ日本兵たちはまだわたしの心のどこかに住みついているらしい。はじめは、鬱状態に陥るのは治さねばならない変な病的症状だと思っていたが、どうしても治らないので、その後は、光栄ある名誉の戦死を遂げた兵士もいたであろうが、多くが惨めな死を死んだ日本兵のイメージ（亡霊？）に取り憑かれた者が日本人のなかにいてもおかしくはないだろうと考えて、抵抗しないことにしている。

幻覚というのは、ありもしない光景が見えるとか、あるはずのない音が聞こえるとか、じっとしているのに身体が空中浮遊しているような運動感覚が感じられるとか。たぶん、これと関係があるのではないかと思うが、現実感覚がいくらか機能不全であった。たとえば、ボールがわたしのほうに飛んできているのが目に見えているが、それが現実であると判断するのに時間がかかるため、避けずにいて当ってしまうとか。こういうことがあると、いろいろ日常生活に支障があった。

わたしは人格障害または神経症の限度内にとどまり、精神病にはならなかった（と思う）が、その一歩手前あたりをうろついていたようである。いずれにせよ、このような変なことがあって、いろいろ困ったり、苦しかったりして、どうすればいいのかわからず、もがきあがいていたときに、たまたま古本屋でフロイトの本を見つけ、もちろん、確信があってのことではないが、彼の理論がわたしの問題を解決する道、この苦しみから脱出させてくれる道を示してくれるのではないかという気がして、フロイトにのめり込み、そのまま今日に至っている。

もうすぐ八十歳になるが、わたしの人生は、自由意志とはかかわりなく、あたかもたまたま出会った偶然事に左右され、流され、決められたかのようである。もし思春期に人格障害にならなかったら、もし強迫観念に囚われなかったら、もし現実感覚が機能不全でなかったら、もし死んだ日本兵の写真を見なかったら、もしフロイトの本を手にしなかったら、わたしはどういう人生を送っていたであろうか。生まれ故郷の田舎にとどまって本など書かず、何の変哲もない人生を送ったかもしれないし、家業を継いで商才を発揮し、大儲けして大金持ちになったかもしれないし、遊び歩いて家産を蕩尽する道楽息子になったかもしれないし、泥棒か詐欺師になったかもしれないが、いずれにせよ、唯幻論という変てこな理論をつくらなかったであろうことは確かである。

　わたしが唯幻論をつくったのは、真理の探求のためでもなく、学者とか評論家とか思想家とかになりたいからでもなく、原稿を書いて稼ぎたいからでもなく、ひとえに、自分の人格障害を何とかしたいという切羽詰まった揚げ句の極私的な動機からであった。強迫観念に振り回されていたら、くたびれ果て、やりたいことがやれないので、その原因を把握し、そこから解放されようと必死に考えた。その結果、だんだんと、世の中にこんな献身的ないい母親はいないと思っていた母親との関係に問題があることがわかってきた。

　一人一人それぞれの人生とそれぞれの死ぬ瞬間があったはずの二百万人もの日本兵がなぜ死なねばならなかったかと考え始めると、何とかいくらかでも納得できる理由が見つからない限りは心が落ち着かず、しかし、見つけようとしても納得できる理由など見つかるはずもないので、関心は、日米戦争から日本近代の歴史へ、さらに建国からの日本の歴史へ、アメリカの歴史へ、ついには世界史へ、人類の歴史へとキリなく広がって行った。

　そして、基本には、わたし自身が子供のときから「変な子」と言われ、大人になってからも変なことばかりしてきているということがあるが、広く人類の歴史というものを考えてみても、他の動物と比べて、なぜ人類はこのような変なことばかりしてきたのだろうという不審な気持ちがどこかにあった。そこから、人類は本能が壊れた動物であるという結論が出てきたのであるが、もちろん、この結論は、わたしの創見ではなく、フロイト理論、とくに彼の『性理論に関する三論文』からヒントを得ている。彼が示したように、人類が本能が壊れた変な動物であるということが最も如実に最も典型的に示されるのは、性行動においてであった。

実際、動物は発情期になると、種族保存のために正常な性交をするだけであるが、人間は、思春期（性器期）になって一応、正常な性交らしきものができるようになる前に、口唇期、肛門期、男根期などの倒錯期があり、人間の幼児はみんな多形倒錯者である。そして、思春期になっても、正常な性交ができるとは限らない。また、正常な性交をするとしても、いろいろ変な余計な条件が必要だったりする。フロイトは「本能が壊れた」という表現は使っていないが、セックスにおける動物と人間のこのような違いは、どう考えても、人間の性本能が壊れたからであるとしか考えられない。

わたしは、フロイト理論をいくらか拡大し、人間は、性本能だけでなく、すべての本能が壊れて、現実を見失い、幻想の世界に迷い込んだ動物であるとの結論に達し、その前提に立って、動物と違って地球の上で変なことばかりしているこの人類をいくらかでも理解しようと考え、この考えを唯幻論と称したのであった。

この唯幻論に基づいて、わたしは、人間の奇異なさまざまな性行動について（性的唯幻論）、歴史上のわけのわからないさまざまな事件について（史的唯幻論）あれこれ考察し、あちこちに書き散らかした。

ところで、今年の春のある晴れた日、嬉しいことに、飛鳥新社から、あちこちに書き散らかした文章のなかの面白そうなのを選んでまとめ、唯幻論概説のような一冊の本にしてみる気はないかと言ってきた。そこで、わたしは、この本の骨格として、（一）自我について、（二）歴史について、（三）セックスについて、の三つの柱を立てることにした。

これまであちこちの文章で、人格障害の原因となった母親との関係におけるわたしの自我の形成とその歪みを問題とし、それから、動物には必要がない自我がなぜ人間には必要かを考え、人間の自我の形成一般を論じてきたが、第一部「自我論」においては、それらの文章のいくつかを選んで、いくらか訂正加筆し、さらに書き下ろしの文章を付け加えた。

強迫神経症の原因が母親との関係にあると考えたのは、お金を借りていない友人にお金を借りているから返さなければならないという強迫観念が、母親に恩返しをしなければならないという観念のすり替えではないかと気づいたことがきっかけであった。それまで、わたしは母親を世にもまれなほど献身的にわたしを愛してくれる心やさしい人だと思っていたが、これをきっかけとして、わたしを恩で縛って支配しようとする身勝手なエゴイストだとわかって、叩き殺してやりたいほど憎むようになった。しかし、考えてみると、彼女にはわたしに縋《すが》らざるを得ない追い詰められた事情もあって、同情の余地がないではなかった。

それにしても、彼女は、自分がわたしを人格障害へと追い込んだことに気づいてはいなかったであろう。これほど可愛がったのに、なぜわたしが言うことを聞かなかったのか不可解に思っていたかもしれない。わたしとしては、彼女が生きていたときに、なぜわたしが嫌がることをあれほど強いようとしたのか、なぜわたしにはわたしの人生があると思わなかったのか、わたしという人間を何だと思っていたのか、と聞いてみたかったと今になって思ったりもするが、当時は、そのようなことは思いつきもしなかった。それを思いつきもしなかったのは、心のどこかでどうせ彼女には何を言ってもわかってもらえないとあきらめていたからであろう。あるいは、そのようなことを聞けば、彼女との関係が壊れるのではないかと恐れていたのであろう。ということは、意識的には彼女の愛情を信じていたが、無意識的には疑っていたのであろう。彼女とわたしは心が通じ合ったことは一度もなかった。

もし人間の本能が壊れていなかったなら、バラの種子からバラの木が芽生え、バラの木にバラの花が咲くように、個人の人格は本能に基づいた線に沿って発達し、本能に基づいた人格構造が形成されるであろう。発達の過程でさまざまな不幸な事件があり、人格構造がさまざまな傷を受けたとしても、それは本来の本能的人格構造に付加的につけられた傷に過ぎず、その傷が治れば、本来の人格構造が回復するであろう。しかし、人間は本能が壊れているので、本来の人格構造というものはない。個人は、生まれてからの人間関係のなかで周りの人たちからさまざまな観念（なかにはとんでもない観念もある）を受け取り、それらの観念を材料としてそれぞれ個々別々に人格構造を形成する。人格発達の過程でさまざまな不幸な事件、トラウマがあれば、それは、本来の人格構造に付加的につけられた傷ではなく、人格構造を構成する基本的な材料なのである。それ以外に材料はない。それを除こう（治そう）とすれば、人格構造そのものが崩れてしまう。除いたあとに、隠されていた、あるいは埋もれていた「本来の人格構造」が現れてくるわけではない。人間には「真の」自己は存在しない。それは、人間には本能的性欲は存在せず、幼児期のさまざまな倒錯的衝動を材料として大人の性欲が構成されるのと同じことである。

個人の人格は、どれほど歪んだものであろうと、いったん形成されると、なかなか変えられないのはそのためである。わたしは、母親との関係のなかでいくらか（？）常軌を逸した変な人格を形成してしまい、そのため、いろいろな面で支障をきたしたが、その変な人格は、基本的には、現在もそのままである。ただ、若い頃と違って、変な人格だとの自覚があるので、それが自分および他の人々に及ぼす被害を最小限にしようと努めることができるだけである。そう努めても、成功するとは限らないが…。わたしが、母親がわたしをこのように育てたのは、そうせざるを得なかった追い詰められた事情にあったと彼女に同情しながらも、まだ彼女に対する恨みを残しているのは、彼女の影響から脱していないからである。そして、脱することはないであろう。

彼女は、綺麗好きで礼儀正しく義理堅く、つましい倹約家、猛烈な働き者で、世間の評判もいい人であったが、決して幸福な一生ではなかったと思う。世の中には頼りになる夫にすべてを任せて気楽で幸福な一生を送る妻もいるであろうが、彼女は、夫と実家の兄の二人の男が頼りない人だったので（彼女の兄の妻、すなわちわたしの実母は末子を産んで間もなく病死した）、自分がしっかりしなければと婚家と実家のために身を粉にして懸命に働き、家業を盛り立てようとした。そのため、わたしを是が非でも跡継ぎにしようとし、その目的に囚われてしまってそれしか目に入らなくなった結果、わたしが別個の人間であることを忘れてわたしにしがみつき思い通りに支配しようとし、図らずもわたしの心を踏みにじってしまい、恨まれてしまった。世の中には、子を捨て、男をつくって出奔する女もいるのだから、夫が頼りにならない女が家業を盛り立てようと懸命に働き、息子を立派に育てて跡継ぎにしようとするのは、世間の常識から言って、むしろ立派なことであろう。それが親子関係を破綻させ、子を人格障害に追い込み、子の恨みを買うとは、本能が壊れた人類の子育ては何と厄介なことであろう。わたしの心のどこかには、母親の身勝手なエゴイズムに苦しめられたと思うのはわたしの身勝手なエゴイズムであって、人の道としては、母の期待に沿うべきではなかったかとの思いも消えずに残っている。

さて、これまでわたしは、そもそもなぜ人間だけが歴史を発明したかの原因を本能が壊れたことに求め、それを起点として、とくに日本、アメリカなどの国家の病んだ構造とおかしな歴史について、『日本がアメリカを赦す日』、『嘘だらけのヨーロッパ製世界史』など、あちこちで検討し、考えたことを文章にしてきたが、第二部「歴史論」において、それらの文章のなかのめぼしいものを選び、これにいくらか訂正加筆した。わたしがもっとも関心があったのは、なぜ日本はアメリカと戦争したかったのか、なぜその戦争において日本軍の作戦はあれほど拙劣であったのか、何万もの何十万もの自軍の兵士を悲惨な死に追いやるような軽率で無理な作戦を立てる人がどういう組織のなかでどういう教育を受け、どういう選考過程を経て司令官や参謀に選ばれたのか、なぜ日本軍は玉砕や特攻隊のような苛酷きわまることまでして戦ったのか、そして、なぜアメリカは日本と戦争したかったのか、日米戦争に勝ったあと、なぜ朝鮮戦争、ベトナム戦争、湾岸戦争、アフガン戦争、イラク戦争と絶え間なく戦争を続けたのか、なぜアメリカ人は、あれほど戦争が好きなのか、敵となると、日本人のみならず、ベトナム人、アフガン人、イラク人に対してなぜあれほど残酷になり得るのか、などなどの理由を、それぞれ日本の歴史、アメリカの歴史に探ることであった。もちろん、わたしによれば、病んで狂っているのは日本とアメリカだけでない。ドイツもフランスもロシアも中国も狂っており、第三帝国のドイツも、フランス革命以来のフランスも、ロシア革命以来のロシアも中華人民共和国も変なことばかりして、いたずらに大量の自国民および他国民を殺している。

最後にセックスについては、すでに文藝春秋から出ている拙著『性的唯幻論序説』において人間の性行動のおかしさをかなり体系的に論じてあるので、それを削除訂正し、ほかのところで書いたこともいくらか付け加え、第三部「セックス論」にまとめた。もし『吾輩は猫である』の名前のない猫が人類の性行動を観察したとすれば、不思議、不可解でおったまげるであろうが、いずれにせよ、種族保存と関係のないセックスをするのも、季節をかまわずセックスをするのも、強姦するのも、売買春するのも、不能症になるのも、性倒錯があるのも、人類だけである。

わたしも、猫ほどではないが、いつ頃からか、人間は変な動物だと思っていたが、いい歳になってからとくにセックスについての関心が刺激されたのは、セックスが神秘的でタブーが非常に強くて、男は素人娘とセックスするのが難しく、女は処女でないと結婚するのが難しかった時代に青年期を過ごし、中年男になると、逆転して、処女が無価値となり、セックスが男にも女にもたやすくできるありふれたことになって、驚き戸惑ったことからきている。わたしが高校生の頃は、高校生の男女がセックスするなんて想像を絶する驚天動地のことであった。

何はともあれ、人間のセックスとは本能ではなく文化であるから、強姦や売買春だけでなく、この逆転も一種の文化史として理解しようとしたのである。この三部作によって、人間の自我、歴史、セックスがまさに幻想に支えられて成り立っていることが理解されることを期待している。

そのほか、この本のなかでも言及しているが、個人心理と集団心理を同列に論じることに対する反発など、わたしに言わせれば、一般的には唯幻論が、残念ながら、まだよく理解されていないからではないかと思われることが多々あるので、唯幻論がよりよく理解されることにこの本がいくらかでも役立つことを期待している。

（本文は『唯幻論大全』二〇一二年、飛鳥新社、の「あとがき」として書かれた）

フロイト理論とは何か

強迫神経症と鬱病《うつびょう》と幻覚に苦しめられてもがいていた中学生の頃、たまたま古本屋でフロイトの本を見つけて、何かここに苦しみから脱出する道があるような気がして、フロイトにのめり込み、それ以来十数年は、もっぱら彼の本ばかり読んで過ごした。わたしはあまり読書が好きでなく、フロイト以外のヨーロッパの思想家や哲学者や作家などの本はほとんど読んだことがないので、世界や人間に関するわたしの考え方は彼の影響を大いに受けており、非常に偏っているのではないかと思うが、いずれにせよ、彼の精神分析理論を知ったおかげで、強迫神経症と鬱病には苦しめられなくなった（幻覚はフロイトと関係なく知らぬ間になくなったが）。「苦しめられなくなった」といっても、強迫神経症や鬱病の症状が完全に消滅したわけではなく、今でもときおり現れる。しかし、以前は、症状が現れると、どうなることかと不安で、治そうと必死にがんばったが、今や、その原因と構造がわかっている（と思っている）ので、不安になることはなく、気にもならない。気にしていなければ、そのうち忘れてしまう。

精神分析はわたしの身についた考え方となっているが、そうなったのは、わたしによれば、精神分析は、精神分析を知らない人には見えない人間の心の秘密が見えるようになる鋭い洞察とか、人間精神の真実の闇《やみ》にわけ入って照らし出す神秘的直観とかを授けてくれるものでもなく、また、永遠普遍の真理を探究する科学的方法とか、世界を解明する深遠にして難解な学問的理論とかのようなおおげさなものでもなく、ごくありふれた普通の常識だからである。ごくありふれた普通の常識だから、身についたのである。にもかかわらず、精神分析が普通の人には理解しがたい何か高等な専門的知識、特殊な技術であるかのようなイメージがあるのは、そういうイメージを振りまいた精神分析者が一部にいたせいかもしれないが、基本的には精神分析が出現した当時の十九世紀末のヨーロッパの事情が絡んでいるのではないかと思われる。

当時のヨーロッパの事情と言っても一様でも簡単でもないが、おおまかに言えば、ヨーロッパはいわゆるヴィクトリア時代の最盛期（あるいは、末期）であった。キリスト教が正当な唯一の普遍的宗教であり、ヨーロッパ文明が人類唯一の最高の文明であった。キリスト教を奉じるヨーロッパ人は純粋で清潔な正義の民族であり、キリスト教以外の邪教を信じる他の民族は下等で不潔で穢《けが》れており、ヨーロッパ文明を知らない人たちはみんな愚かな野蛮人であった。ヨーロッパ人はこの最高の文明と普遍的宗教を世界の野蛮人に伝え、世界をキリスト教化し、文明化する崇高な使命と責務を負っているつもりであった。

神が死んだとかでキリスト教の信仰が衰え始めてからは、神が理性に取って代わられ、ヨーロッパ人だけが理性をもった賢明な人(ホモ・サピエンス)であり、ヨーロッパ人以外は理性を欠いた無知蒙昧《もうまい》な人たちだということになった。したがって、ヨーロッパ人は、他民族を征服して植民地化し、教化し、理性を教え込まなければならなかった(同じように、キリスト教を伝道する企てもつづいたが)。それが他民族のためであるということになっていた。

要するに、ヴィクトリア時代とは、理性の時代、差別の時代、誇大妄想の時代であった。そのため、ヨーロッパ人以外の民族は侵略され、虐殺され、植民地化されて、多大の被害を被ったが、もちろん、加害者のヨーロッパ人自身も被害を免れることはできなかった。

ヨーロッパ人でも、子供はまだ理性を獲得するに至っておらず、大人でも精神病者は理性を失った人とされたので、子供のために公教育制度が成立し、子供は理性を獲得するまで、大人の社会から切り離されて、一定の時間、学校という施設に強制的に閉じ込められた。同じように、精神病者も、精神病が治って理性を回復するまで、正常な大人の社会から切り離されて、新しく創立された精神病院に強制的に閉じ込められた。子供は大人になると学校から解放されるが、精神病者はなかなか治らないので、終身刑のようにいつまでも精神病院にいなければならないことが多かった。

しかし、いわゆる正常な大人のヨーロッパ人も無傷では済まなかった。理性を具《そな》え、理性でおのれを律する者だけが、人間として敬意を払われ、まともに扱われる立派な社会人ということになったため、人々は、理性に反すると思われる衝動や感情や欲望を非難するだけでは済まず、自分のなかのそういう衝動の存在までも否認することを強いられる。それを否認しなければ、自分が未開人、野蛮人だということになるからであった。セックスを罪悪視するキリスト教の規範はそのまま理性に引き継がれて、性欲に駆られていやらしいセックスをするのは理性なき下等動物であるということになった。性欲の存在が否認され、理性人である紳士淑女、とくに淑女は性欲などもっていないかのように振る舞わなければならなかった。

言うまでもなく、このような理性人というのは、現実には存在しない幻想であって、そのような幻想的規範を押しつけられた者はどうしようもない窮地に追い込まれる。彼または彼女の人格は、理性に従おうとする意識と、理牲に反するために意識から排除された無意識的衝動とに分裂する。もちろん、人格構造全体において、前者はごく一部であって、後者が大部分であるから、理性で人格を統制できるわけはなく、この分裂のために人々は精神のバランスを崩され、気が狂った。精神病者の大量発生である。精神病にまでは至らなくて、意識においては、辛うじて理性を何とか維持するものの、意識から排除された無意識的衝動が無意識の中で暴れ回り、変な症状となって意識へはみでてくるのが神経症である。

ところで、理性というものは、全知全能の神が死んで神の加護を失って不安になったヨーロッパ人が不安から逃れようとして、神に代わる崇拝と依存の対象として発明した幻想であって、神の全知全能性を引き継いでいる。それが、人間は、理性に基づいて正しい道徳を制定し、正しい理想の社会を構想し、建設できるという幻想の起源である。フランス革命や、そのあとのロシア革命はこの幻想を実践しようとする企てであった。当然のことながら、その企ては失敗に終わった。しかし、現在なお、この幻想に基づいて、地球を支配しようと企てる人たちが人類の一部にいて、それが地球の破壊に至るのではないかと、わたしは恐れているが、その心配はないであろうか。

何はともあれ、理性によって、個人の精神を規制し、支配しようとする幻想的企てが重大な精神障害を惹き起こしたが、その精神障害に対する対策として、精神医学が成立した。初期の精神医学は、精神障害の思想的、社会的背景に気がつかず、精神病院を「脳」病院、神経症を「神経」症と称したことからもわかるように、精神障害を個人内部の身体的、生理的障害と見なし、脳や神経の異常に原因があると考えた。精神病や神経症の原因はよくわからなかったので、当時の精神科医は、当てずっぽうに、何か身体的、生理的刺激を与えれば何とかなるのではないかと、水療法やマッサージ療法や電気ショック療法や転地療法などをやってみたが、気休めにしかならなかった。

そうこうするうち、催眠療法が効果がありそうだと気がついた人たちがいた。催眠暗示によって、ヒステリー症状を起こしたり、消したりできるのであった。そうだとすると、ヒステリー、強迫神経症、恐怖症などのいわゆる神経症は、身体的、生理的原因ではなく、心理的原因から起こるのではないかと考えられた。フロイトも、催眠療法を用いてみたことはあったが、しかし、催眠暗示によって症状を消しても、効果は一時的でまたすぐ症状がぶり返すのであった。その上、どうしても催眠術にかからない患者がいて、催眠療法は神経症の治療にはあまり役立たないことがわかった。

そのとき、精神分析の歴史に名を残す患者が現れた。アンナ・Oという仮名で知られるヒステリー患者である。彼女はフロイトではなく、先輩のブロイアーの患者であったが、母語がドイツ語なのに英語しかしゃべれないとか、喉《のど》が渇いても水が飲めないとか、蛇《へび》の幻覚が見えるとかの症状があった。彼女はそれらの症状のきっかけとなったトラウマ的事件のことをすっかり忘れていたが、催眠状態でそれらの事件を思い出し、そのことについて詳しくしゃべると、症状が和らぐのであった。ブロイアーは興味深い患者としてフロイトに彼女の話をしたのだが、忘れていたことを思い出してしゃべると症状が和らぐということの重大な意味に気づいたのはフロイトであった。

アンナ・Oは、治療中にブロイアーに抱きついたり、彼とセックスしたわけでもないのに彼の子を妊娠したと言ったりしたので、彼は恐れをなし、彼女をフロイトに預けて逃げ出したが、フロイトは彼女の症例を出発点として、そのあと精神分析と呼ばれることになる理論を構築し始めるのである。

フロイトは確かにめったにいない天才ではあったのであろうが、他の人たちがなかなか気づかなかったことに彼が気づいたのを天才だけのせいにすることはできないであろう。わたしは、彼がユダヤ人だったことが大きな要因だったのではないかと思っている。彼はユダヤ教の信者ではなかったけれども、ユダヤ人である以上、一般のヨーロッパ人とは異なる何らかの思考形式や感性があったに違いない。第一に、ユダヤ人はヨーロッパにおいて二千年来、差別され続けてきた民族である。フロイト自身、幼いときに、父親が侮辱されて抗議もせず、がまんしていた姿を見ている。

被差別者には差別者の無意識がよく見える。差別者は往々にしておのれの醜い面を否認し、被差別者に投影するので、差別者の醜い面は被差別者には丸見えである。さっきも述べたように、当時のヨーロッパは理性の時代であった。理性の時代とは、正確に言えば、理性中心主義、理性至上主義、理性万能主義、唯理性主義の時代である。理性に反するものは否認され、抑圧された。当時のヨーロッパ人は理性と反理性との葛藤《かっとう》のために苦しみ、混乱し、病んでいた。とくに、理性に反するとされた性欲はいやらしい衝動とされ、強く抑圧されていて、ヨーロッパ人は、表面ではセックスなどと関係がない取り澄ました清らかな生活を送っているふりをしていたが、逆にそのために実際には歪んだ異常な性現象がはびこっていた。

フロイトのもとに、理性中心主義文化の犠牲者が患者としてやってきた。理性中心主義に囚われていない彼には、患者が抑圧しているものがよく見えたのではないか。当時の患者には性の問題に悩んでいた者が多く、性的不満がヒステリーの原因だなどと言われた。セックスができなかったぐらいで、なぜあのような変てこな症状が出てくるのか、わたしには不思議な感じがするが、当時のヨーロッパ人は今からは想像できないような変てこな性的タブーに囚われていたのであろう。わたしはユダヤ教のことはよく知らないが、ユダヤ教ではキリスト教のような厳しい性的禁止はなく、セックスは神々しい行為と見られていた面があったとのことである。キリスト教のような性的禁止に妨げられないユダヤ人のフロイトは患者が無意識へと抑圧しているものを容易に見抜くことができ、それを抑圧から解放して意識へと統合することが治療につながると判断できたのであろう。

フロイト理論は、発表されるとたちまち世の人々の顰蹙《ひんしゅく》を買い、囂々《ごうごう》たる非難が巻き起こったそうである。理性が個人の人格と社会の秩序の基盤であるとする理性中心主義に凝り固まっていた当時のヨーロッパ人には、人倫に悖《もと》る驚天動地の理論と見えたのであろう。ヴィクトリア時代は、以前と比べて、サディズム、マゾヒズム、露出症、窃《せっ》視《し》症、フェティシズムなどの性倒錯が増えて目立つようになっていたそうであるが、フロイトは性倒錯を病的な異常現象とは見ず、正常な性発達の一段階であると主張するし、男の子は母親とセックスしたがるなんて言い出すので、とんでもないことを言う奴だと思われたのであろう。フロイトは患者が分析者の解釈を素直に受け容れず、抵抗すると言ったが、世間がフロイト理論を受け容れず、抵抗したのである。

しかし、ヨーロッパ人にはどう見えたにせよ、わたしには、フロイト理論は、初めから終りまで一貫して、それほど驚天動地の理論であるとは思えない。初めに言ったように、ごくありふれた普通の常識であるとしか思えない。それは、わたしが日本人だからではないかと思う。

明治の初めに、ある雇われ外国人教師は、東京帝国大学で地動説を説いたとき、かつてヨーロッパでは主張すれば焚刑《ふんけい》か破門に処せられた恐るべき地動説を、学生たちが別に驚きもせず、平気な顔をして聞いていたので驚いたという話があるが、日本人は、天動説を不動の真理とする聖書などに縛られていないので、地球が動いていると聞かされても、「ああ、そうか」と思っただけだったのであろう。同様に、フロイト理論も、専門用語はさておいて、具体的にどういうことを言っているのかと考えてみれば、別に突飛なことは言っていないのである。昔から、みんなが知っていることしか言っていないのである。日本人は、精神分析を知ったときも、地動説を聞かされたときと同じように、反発するなんてことは思いもしなかったようである。日本人に精神障害が増えたのは、近代化によって理性中心主義が輸入されたからであるが（神経衰弱時代）、そうは言っても、理性中心主義は、日本人においては、ヨーロッパにおけるように骨がらみのものとはならなかった。このことについては、昔、ある本に書いたことがあるが、その本はまったく売れなかったので、読んだ人はめったにいないだろうから、ここでまた繰り返すことにする。

たとえば、精神分析は性格の形成における幼年期の重要性を強調するが、そのようなことは、「三つ子の魂《たましい》百まで」との諺《ことわざ》にある通り、みんな昔から知っている。「抑圧」とは、まさに

「頭隠して尻隠さず」のことで、当人は、自分のいやらしい根性から眼を逸らして、自分にはそのような根性はないつもりであるが、人にははっきり見えている。「知らぬは亭主ばかりなり」という諺は、好ましくない事実は周りの人たちには見えているが、本人には見えないことを言い当てている。「投影」とは、自分のなかのある好ましくない心情を否認し、それを他者になすりつけることであるが、「下種《げす》の勘ぐり」という諺と同じことを指しているに過ぎない。ヨーロッパ人がユダヤ人は金に汚いと思っているのがその例である。人を憎んでいる者は、人に憎まれていなくても憎まれているという被害妄想をもつ。「反動形成」とは「羹《あつもの》に懲《こ》りて膾《なます》を吹く」ことであろう。「アンビヴァレンス」とは「愛憎一如」「可愛さ余って憎さ百倍」のことだと説明されれば、実によくわかる。フロイトは宗教は幻想であると説いたが、くどくどと論証しなくても、「鰯《いわし》の頭も信心から」の一言で納得できる。「攻撃者との同一視」とは「怪物と戦えば怪物になる」ということであろう。敵同士がおたがいに似てくるのはそのためである。「転移」は諺で言えば、「江戸の仇《かたき》を長崎で討つ」や「坊主憎けりゃ袈裟《けさ》まで憎い」ということになるであろうか。「己惚《うぬぼ》れと瘡気のない奴はいない」という諺は人間における「ナルチシズム」の根深さを言い表している。あるいは、「ナルチシズム」とは、人間には己惚れがあって、自分の欠点は自分には見えないが、他人にはよく見えるということで、「岡目《おかめ》八目《はちもく》」と言い換えてもいいであろう。フロイトは、他人とのどうでもいいようなささいな違いを自分の優越の根拠にすることを「小さな差異のナルチシズム」と呼んだが、要するに、「目クソ鼻クソを笑

う」ということであろう。尊敬する人や愛する人の好ましい特徴を知らぬ間に身につけるのは

「摂取」であろう。好ましくない特徴を身につける「摂取」は、「朱に交われば赤くなる」とい

うことであろう。本書に出ているユダヤの話で、鍋を借りて返す人が、鍋に穴があいていたと

きにする言い訳は、精神分析用語で言えば、「合理化」であるが、要するに、「泥棒にも三分の

理」ということである。

このように、精神分析の専門用語で説明されるさまざまな心理現象は例外なくすべてと言っていいほど、民衆のあいだで語り継がれている諺や箴言《しんげん》に置き換えることができるありふれた現象なのである。それなのになぜ、フロイトが難しそうな専門用語を作ったかと言えば、理性中心主義に凝り固まっていた当時のヨーロッパの医学界、思想界に対抗するために理論武装する必要があったからであろう。精神分析を学術的理論として提示するためには、「下種の勘ぐり」とか「岡目八目」とかの日常語を使うわけにはゆかなかったのであろう。

要するに、フロイト理論は伝統的な民衆の知恵を網羅しており、基本的には精神障害は、理性中心主義の呪縛から脱し、等閑視されていた民衆の知恵を回復すれば、治るのである。フロイトは、ばらばらに散らばっていたさまざまな民衆の知恵をまとめ、体系化、理論化しただけなのである。そして、民衆の知恵は、大昔から無数の民衆がさまざまな経験をしてきたあげくに獲得した知恵であるから、それに今さら新しく付け加えることはまずないのである。したがって、そういう民衆の知恵を踏まえたフロイト理論にも新しく付け加えることはまずないと、

わたしは思っている。

　フロイト以後、アドラー、ユング、ライヒ、フロム、ハルトマン、ラカンなど、多くの後継者が現れ、それぞれ、フロイト理論をさらに発展させたとか、修正したとか、改革したとか称し、新しい専門用語を作ったりしているが、わたしに言わせれば、彼らはフロイト理論の一部だけをとくに強調して偏ったものにしたり、フロイト理論を薄っぺらなものにしただけで、フロイト理論にはなかった新しい見解や洞察は見当たらない。専門用語というものは、必要悪と言えば言い過ぎであろうが、なるべく少ないほうがいいのであって、彼らが新しく作った専門用語は、彼らの理論がフロイト理論をさらに発展させた独創的理論であると見せかけるためにわざわざ作ったのではないかと疑われるが、内容的にはフロイトの用語で説明されたことと同じことを別の用語に言い換えているに過ぎない。神経症者や精神病者だって日常の言葉で考えて症状を形成するのだから、精神現象は、基本的には、日常の言葉で説明できるのであって、症例の説明において専門用語が多く使われていればいるほど、担当の分析者はその症例のことがよくわかっていないと考えてよい。

　近頃、精神分析療法は廃れたと言われているようであるが、確かに、患者が寝椅子に横たわり、分析者は患者の背後にいて、患者が頭に浮かんだことを自由にしゃべることに何十分も耳を傾け、週に何回かそういうセッションを繰り返し、それを何年も続けるという古典的な形の療法は、もうずっと以前から行われていないようである。忙しい現代では、そのようなまどろっこしいことはやっていられないというわけであろう。それほど古典的な形でなくても、夢や症状の象徴の解釈などもあまり行われていないようである。そもそも、心理療法やカウンセリングを精神分析療法と称することはほとんどなくなっているらしい。けだし、ユング理論やライヒ理論やラカン理論はそのうち滅びるであろうし、彼らの理論が滅びても何ら困らないが、民衆の知恵の集約としての精神分析的洞察そのものが廃れることはあり得ない。「浜の真砂は尽きるとも、世に盗人の種は尽きまじ」と言ったのが、石川五右衛門だったかどうか知らないが、世に盗人の種は尽きないように、たとえば、世に「下種の勘ぐり」をする人、「鼻クソを笑う目クソ」のような人がいなくなるわけはないから、それを断片的、個別的にではなく、その人の人格構造全体の一環として体系的に理解し、「下種の勘ぐり」「鼻クソを笑う目クソ」を見破るためにも、また、自分がそういうことをしていないかと反省し、自覚するためにもフロイト理論は役立つからである。

そういうわけで、フロイト理論を知っておくことは、基本的な生活の知恵として、不可欠とまでは言えないにしても、知らないよりは有利であろう。本書がその一助となれば、幸いである。

（『フロイト・漫画講座』、コリンヌ・マイエール作、アンヌ・シモン画、岸田秀訳、いそっぷ社、解説、二〇一四年）

動物行動学と精神分析

日高敏隆氏は、つねづね語っていたように、子供のときから昆虫がどのように生きているかに興味があったそうである。彼は、体が弱く運動が苦手だったため、将来、兵隊になっても国のために役立ちそうにないからと、小学校の校長に毎日のように靴で蹴られ、担任の教師にあざ笑われ、両親をも信用できなくなり、学校が嫌いになり、死んでしまいたくなって、近くの原っぱで、昆虫たちを見て時間を過ごすようになったが、それぞれの昆虫たちが、食べものを探したり、えものを捕まえたりして、懸命に生きているのがわかって、漠然と昆虫学者になりたいと思ったとのことである。彼は、彼自身を懸命に生きている昆虫と同一視し、昆虫に思い入れして、昆虫になれば、生きてゆけると気づいたのであろう。昆虫が生きているのを見ることが、彼自身が生きていることになったのであろう。彼がいろいろな昆虫をあれほど長時間、詳しく細かく熱心に観察して飽きなかったのも、また、昆虫の気持ちを知るのが楽しくて、昆虫と気持ちが通じるような気になったのも、彼自身が昆虫だった、または、昆虫が彼自身だったからだとでも考えなければ説明がつかない。そして、彼は、ある大学の動物学科に入り、大学院へと進み、幼い心で目指した通り、昆虫学者になって、大学の教授になった。彼がフランスの大学に留学したのは、フランスは、旧植民地の農業が大量発生するバッタのために大被害を受けることがよくあるので、昆虫の研究が進んでいるからだったとのことである。彼がいたストラスブール大学の研究所を訪ねると、大量のバッタが飼ってあったのが印象に残っている。

わたしは十代の中頃、神経症になって、人間の心というものはどうなっているのだろうと興味をもち、ある大学の心理学科に入って大学院まで進んだのだが、心理学科では実験心理学が主流で、ネズミに餌や電気ショックをどのように与えるとどのような反応をするかということばかり実験していて、人間の心には何のかかわりもなかったので、アホらしくなった。その上、ある教授に頼まれてある外国文献を翻訳すると、しばらくして出版された彼の著書に、わたしが訳した文章が引用文としてではなく、著者本人が書いた文章として載っていて、しかも、心理学教室にそのことを変に思う雰囲気がからしきなかったので、驚愕してますますアホらしくなり、ここにいてはダメだと思い始め、どこか外国の大学にでも行こうかと思っていたところ、たまたま、フランス政府やドイツ政府が旅費や学費や生活費などすべて出してくれる留学制度があるのを知った。フランスのストラスブール大学を選んだのは、フランスの大学へ行こうかドイツの大学へ行こうかと迷っていて、優柔不断なわたしはなかなか決められなかったので、フランスとドイツが戦争して勝ったり負けたりしてフランス領になったりドイツ領になったりしているどっちつかずの地であるアルザスにある大学だからという、いい加減な理由からで、この大学に指導を受けたい先生がいるからというような合理的理由からではなかった。

そういういい加減な理由から選んだストラスブール大学で日高氏と出会ってもう半世紀になる。彼と出会ったのはわたしの人生の最大の幸運の一つであった。彼もわたしもフランス政府招聘の給費留学生（彼は高級の、わたしは並の）であったわけだが、彼がやっている動物行動学と、わたしがやっている精神分析とは、何の関係もないようであるけれども、彼は、昆虫を研究の出発点として、関心は動物一般に及び、人間も動物の一種なので、人間行動も彼の守備範囲であったし、そして、精神分析は人間行動が研究対象であり、人間とは何であるかの問題は、要するに、他の動物とどう違うかという問題であったから、われわれの関心は、起点と視点こそ違え、そこに接点と言うか、共通点があった。

日高氏と出会ったのが幸運であったというのは、彼が学んだ大学とわたしが学んだ大学とのレベルの違いのゆえであると思うが、彼において初めて学者というものを見たからである。ほんものの学者とはこのような人のことかと思った。というのは、それまで彼のような人、現象を細かく観察し緻密に理論化する人をわたしの周りに見たことがなかったからである。

当時、まだ唯幻論とは名づけてはいなかったものの、そのあと唯幻論と称することになる理論の基本的枠組みはわたしのなかではすでにできあがっていたように思う。人類は本能が壊れ、現実を見失って幻想の世界へ迷い込んだ変な動物で、地球上で変なことばかりしているというようなことを、すでに何となく漠然と直観的に感じていたようである。しかしまだ、そのようにはっきりと言語化していたわけではなく、また、確信があったわけでもなかった。わたしがこのような直観をもつに至ったのには、わたしを神経症へと追い込んだ変な親子関係、鬱病へと追い込んだ変な大東亜戦争などの背景があったと思われるが、わたしはものぐさなので、それまでこの背景からこの直観に至る筋道を検討したことはなく、この直観を支えるような理論的根拠を構成したこともなかった。

そういうとき、幸運にも日高氏と出会ったのである。わたしは暇で暇で困っていたし、彼もたぶん暇だったであろう。それに、彼がわたしのいたアパートに引っ越してきて隣りの部屋に住むことになったために（そうなった事情にはストラスブール大学のある女子学生が絡んでいるが、そのことについては、ほかのところですでに述べた）、われわれは、彼がストラスブールに滞在した何ヶ月かのあいだ、しょっちゅう会って一緒にワインを飲み、飯を喰い、おしゃべりをすることになった。そして、二人が日本に帰ってからも、何回か対談や鼎談や座談会をやったし、また、何回かわたしは彼の京都の家を訪ね、彼はわたしの東京の家や信州の家を訪ねてくれたし、それで、対等に意見を交換したと言いたいところだが、わたしが彼に数々のことを教わった機会は十分すぎるほどあった。彼と会っておしゃべりする過程で、わたしの漠然とした直観的な考えは、欠陥を指摘され、無知は補われ、つながっていなかった論理の穴は埋められ、明快な理論的輪郭のなかに収められて、世界の思想界に燦然と輝く（とわたしが思っている）唯幻論という形を取るに至った。

日高氏に数々のことを教わったとは言っても、わたしにも我執や意地や誇りがあるから、必ずしも彼の見解に全面的に賛同したわけではない。たとえば、人類が他の動物より優れていると思っているのは人類のたわけた己惚れであるという点ではわれわれは完全に一致したが、それから先は見解が分かれる。わたしによれば、人類は本能が壊れて本来なら滅びているはずだが、たまたま助かった欠陥動物であり、他の動物より優れているどころか、致命的に劣っているのだが、彼によれば、人類も他の動物もそれぞれの論理に乗っかって生きているのであり、生き方が違うだけであって、そこに優劣はないとのことである。

またたとえば、わたしは、人類は本能が壊れた欠陥動物であるが、他の動物はしっかりした本能に基づいてきちんと生きていると考えていたが、他の動物だって単に本能に従って生きているわけではない、遺伝的プログラムは自動的に発現するわけではない、ウグイスは雛のときから親のウグイスのホーホケキョと鳴く声を聞いて学習するのでなければホーホケキョと鳴かない、などと彼に指摘されて、わたしは本能を理念化して固定的に捉え過ぎていることに気づかされた。確かに、他の動物の本能だって磐石ではなく、ウグイスは学習しなければホーホケキョと鳴かないとしても、しかし、ホーホケキョと鳴かないだけであって、どう教え込もうが、カーカーとかミーンミーンとか鳴くわけではない。人類は本能が壊れているというのはそういうことではなくて、この例で言えば、人間は教え込めばカーカーとでもミーンミーンとでも鳴くのである。

彼によれば、卵を産みっ放しにする昆虫は別として、子が親に育てられる鳥類などの場合、親が子に生き方を教え込むのではなく、子が親の生き方を見て自ら自分で学習するとのことであるが、その学習の遺伝的プログラムは決まっており、人間にもそのような遺伝的プログラムが引き継がれていて、人間の子も周りの人々を見ながら遺伝的プログラムに従って自分で育つものだとのことである。わたしはこれはちょっと違うのではないかと思う。鳥類の親子と違って、人間の子は周りの人々を見て自分で学習するだけでなく、親に意図的に何かを教え込まれる。遺伝的プログラムにないことでも、それに反することでも教え込まれる。人間の本能が壊れていることと関連するが、親が子にとんでもない馬鹿げたことを教え込むこともある。子に人の物を盗むことを教えながら育てる親もいる。また、子が自分でとんでもない馬鹿げたことを考えつくこともある。それゆえ、人類においては、自他を無意味に破壊するとんでもない変な個人でも、そういう個人が多数を占める変な国家でも出現し得る。ここで、わたしは、人類も他の動物も生き方が違うだけであって、そこに優劣はないという彼の見解に賛成しかねるのである。人類自身にとっても地球の生命全体にとっても、無意味に破壊的なことをすることができる人類は明らかに劣等な欠陥動物である。動物はそのような愚かなことはしない。

ハルマンラングールというインド猿の雄は、子育てをしている雌を見つけるとその子を殺すそうである。ライオンの雄も同じことをするそうである。子を殺されると、雌が発情するので、雄は雌と交尾し、自分の遺伝子をもった子を産ませるためだとのことである。この現象を見て、彼は、自然界には調和はなく、自然は決してやさしいものではなく、人間界と同じようにごちゃごちゃやっているというが、わたしは、猿やライオンの雄が同種族の子供を殺す自然界のこの現象と、戦争などで人間と人間が殺しあう人間界の現象とが同じ現象だとは思わない。

遠く飛び回って必死に餌を探し、自分は食べないでも巣で待っている雛に食べさせる親鳥や、子を襲おうとする強い天敵に身の危険を冒して立ち向かう親獣など、子のために尽す親を見れば、これこそ種族保存本能に基づく動物界の美しい調和の表れだと感心するものの、子殺しをする猿やライオンがいることを知れば、何というひどいことをするのだ、子殺しなんてまさに種族保存の目的に反するではないか、これでは地球上で滅茶苦茶なことをしている人類と同じではないかと、ショックを受けるかもしれない。しかし、わたしによれば、猿やライオンのこの子殺しと、たとえば、好きな男に気に入られようとして、女が邪魔な自分の子を殺すこととは全然違うことである。

猿やライオンは、子を守れない弱い親の子を殺して、強い自分の子を残そうとしていると解することができ、種族保存の目的に適っていると言える。決して、人間界と同じようにごちゃごちゃやっているのではない。人間の女は自分の個人的性欲の満足のために邪魔な自分の子を殺すのだから、明らかに種族保存の目的に反しており、まさに本能が壊れて目茶苦茶なことをする人類の行動であり、猿やライオンの種族保存の目的に適っていると考えられる子殺しとは異なる。人類と違って、猿やライオンは種族保存の目的に反して無意味に用もないのに同類や他種の動物を殺すわけではない。餌にするのでなければ、ゆきずりの無関係な動物を無差別に殺すことはない。繰り返すが、子供を殺す猿やライオンの存在は、人類は他の動物に劣るというわたしの見解を揺るがすものではない。

いわゆる文系の人たちから「人間は生物学ではわからない。人間には文化があるから」といつも言われるので、何十年も昔から、動物学者の日高氏は腹に据えかねるような気がしていたそうである。そして、彼は「文化ってそんなにすごい高級なものかな」という疑問を拭いきれなかったが、「人間のいろいろな文化の違いは、どれほど進んでいるか遅れているかの差ではなく、パターンの違いである」との文化人類学者のレヴィ＝ストロースの言葉に強い印象を受け、この考えをさらに推し進めて、文化とは人間にしかないものではなく、さまざまな種類の動物の違いも、どれほど進化しているかいないかの違いではなくて、動物それぞれの文化、それぞれの生き方の違いであると考えるに至ったとのことである。

日高氏は文化を人類にしかない高級なものだと思っている「文系の人たち」を笑っていたが、わたしは文化を人類にしかない低級なものだと思っている。わたしによれば、文化とは本能が壊れた欠陥動物である人類が欠陥を補うために苦し紛れに頼った代替物、いわば、身体障害者が使う松葉杖のようなものであるから、なしで済ませられるものならないほうがよく、本来、不必要で不自然なものであるから、人類は文化のなかでつねに不安で居心地が悪く、居心地が悪い文化ほど、その居心地の悪さを何とか減らそうとして悪あがきする。この「悪あがき」が悪循環を起こす。それがいわゆる「文化の進歩」と呼ばれており、したがって、「先進」文化ほど、実は、性質《たち》の悪い劣等文化である。この点に関して、日高氏とわたしは議論を重ねたが、ついに意見は一致しなかった。

しかし、日高氏は「一〇〇万種とも二〇〇万種とも言われる地球上にいる動物の中で地球環境問題などという大問題を引き起こしてしまったのは人間という種一つだけ」だと嘆き、「なぜ人間だけがそういうことをやってしまったのか」を問題にしている。この点では、わたしは彼と同じ意見と気分を共有している。彼は、頻繁に飛行機が飛ぶ地域では農作物ができにくくなるという例をあげているが、技術が進歩し過ぎたことがよくないと思っているのであろう。

わたしは、例によって例のごとく、人類の本能が壊れたことに問題の根源があると思っている。大上段に振りかぶって、わたしによれば、そもそも近代生物学が動物に個体保存本能と種族保存本能との二つの基本的本能を仮定したのは、人類は本能という行動基準が壊れ、代わりの基準が必要になって自我という基準を作ったからである。ここで、厄介なことになった。自我という基準に基づいて行動すれば、個体、個人はみんなエゴイストにならざるを得ない。それでは、種全体、人類全体の保存がおぼつかない。そこで、生物学は個体保存本能のほかに種族保存本能を仮定したが、自我をもつ人類の観点から見れば、この両本能は原理的に両立できない。

動物は本能に基づいて生きているだけである。個体保存本能と種族保存本能とのあいだに対立はない。というより、個体保存を求める本能と定義できるような本能も、種族保存を求める本能と定義できるような本能もそれ自体としては存在しない。海でのんびりと老後を送っていればいいのに、あえてわざわざ羆に喰われる危険を冒し、苦難を乗り越え、流れに逆らって必死にふるさとの川の上流に溯り、受精卵を残して死ぬ鮭は、鮭という種族の存続のために自己犠牲しているわけではない。個体保存本能と種族保存本能の二種類の本能があるように見えるのは、人間に自我があるからである。自我が成立したあと、自我の観点から見ると、他者と区別される自分の存在が浮きあがるから、自分と自分が属する種族と切り離される。ここで、個体保存と種族保存が対立する。個体を守れば種族は危うくなり、種族のために尽せば個体は犠牲になる。両本能は両立不可能である。兵士は、祖国を護るためには自分の安全と幸福を犠牲にして、生命が危険にさらされる戦地に赴かなければならないし、自分の安全と幸福を守るためには兵役拒否または敵前逃亡をしなければならない。動物にはこのような葛藤はない。

この悲劇的な絶対矛盾に直面して人々は、個体保存と種族保存が一致調和している世界を夢想したのであろう。生物界に関しては、ダーウィンという人が現れ、進化論を提唱した。ダーウィンの進化論によれば、動物たちはみんな自分の生存を求めて争っており、それぞれ勝手に生きていて、同じ種の個体と個体も、また、種と種もすさまじい競争をしているが、その結果、弱者は滅び、適者、強者が生き残り、種は進化して、生物界全体としてうまく行っており、両本能の間に矛盾、対立はない。

人間界に関しては、アダム・スミスという人が現れ、国富論を説いた。経済人はみんなエゴイストであり、自分の利益と安全のことしか考えないが、エゴイスト同士の争いが神の見えない手に導かれて経済活動を活発にし、その結果、国の富を増やすわけで、個人の利益と国の利益のあいだに矛盾、対立はないことになっている。

動物界では、動物たちがみんなエゴイストでひどい争いをしていても、結果的にはうまく行っているようなので、アダム・スミスのように、人類も動物と同じようにすれば人間界もうまく行くと思う人が現れたが、人類は、動物と違って、本能が壊れているので、そうはゆかなかった。人間界では、個人がみんなエゴイストになって勝手なことをすると、強者は気まぐれに弱者を殺し搾取し支配し、人々のあいだに不信と恨みがはびこり、貧富の差は極大になり、治安の乱れた目茶苦茶な人間社会が出現した。人間界では、矛盾する個体保存と種族保存の二者択一において、個体保存を優先すれば、こういうことにならざるを得ない。

これではいけないというわけで、マルクスとかレーニンとかいう人が現れ、自由競争の資本主義を廃棄し、個人がみんな私利私欲を捨てて全体のために尽す全体主義、共産主義がいいということになって、ソ連のような国ができあがった。けだし、社会全体の秩序を維持するためには個人の自由を弾圧しなければならず、その結果、一部の特権階級が絶大な権力を握り、大多数の者は従順で無気力な奴隷に堕ち、奴隷に堕ちるのを嫌った者は強制収容所に送られるという変な堅苦しい社会が出現した。人間界では、矛盾する個体保存と種族保存の二者択一において、種族保存を優先すれば、こういうことにならざるを得ない。

やはり、これでもいけないということがわかって、全体主義、共産主義も放棄されたようであるが、では、どうすればいいのであろうか。

わたしによれば、人類の本能が壊れたことがこの事態の根本的原因であるから、壊れた本能を修復して、人類が猿に戻ればいいのであるが、それは不可能なので、人々が、人類は本能が壊れて愚かなことをやりかねない動物なのだから、そのことを自覚して、できるだけ愚かなことをしないように気をつけるしかない。人類にとって最も危険な者は人間は賢明であると思っている者である。

日高氏は本書の末尾で「どこかに集団ができると、その集団の主導権争いみたいなものが必ず起こる。どうやっても必ずそうなる。そういうことは絶えず起こる。個人対個人というのはいつもライバル関係にある。……それではどうしたらいいか。そういうことはわたしは考えない。ほかの動物だってそうだから、止めさせようがないはずである。……人間だって同じようなものであるが、それを知っているということの違いがある」と書いているから、わたしと同じように、この問題に関しては、一服飲めばピタリと万病が治る万能薬のような解決策はなく、人々がおのれの愚かさを自覚して、できるだけ愚かなことをしないように気をつけるようになることを期待する以外にどうしようもないという結論なのであろう。

今、わたしが痛切に思うのは、あの世の日高氏とまた議論してみたいということである。

（日高敏隆『動物は何を見ているか』解説、二〇一三年五月、青土社）

3

通じ合わない心

わたしはいわゆる「もらいっ子」で、母は実父の妹であった。幼いとき、近所の人が「ほんとのお父さんお母さんでないのに、よく可愛がってくれるわね」と言ったことなどがあって、何となくそのことは知っていた。まさに近所の人の眼に映った通り、母は溺愛というか猫可愛がりというか実に甘い甘い親であった。わたしが眼の中に入れても痛くないほど可愛いとのことであった。わたしは友達の誰よりもたくさんオモチャを持っていた。叱られた記憶はほとんどない。ところが、思春期の頃、その母がわたしにうっとうしく重荷になり始めた。母はわたしが家業の劇場を継ぐものと決めてかかっていた。わたしはどうしてもその気になれなかった。たびたび嫌だと言ったのだが、母は聞く耳を持たなかった。わたしとしても家業を継がないことに自信があるわけではなかった。継ぐ気になれない自分を責めたりもした。わたしが家業を継ぐ気になりさえすれば、すべては丸く収まり、うまくゆくのに……とたびたび考えた。母は迷い苦しむわたしに全然気がつかず、わたしが家業を継いで活躍する未来の夢に縋《すが》って生きていた。その夢が重圧となり、さらに、母の幸不幸がひとえにわたしの肩にかかっているという重圧がそれに加わり、幼いころはこれほどやさしい人はいないと慕っていた母を次第にわたしは憎み始めた。母はわたしがまだ学生で家業を継ぐも継がないもないうちに蜘蛛膜下出血で急死した。わたしは結局、家業を継がなかったから母の企ては無意味だったわけだが、わたしは息子がこれほど嫌がるのになぜは母はあれほど強引に家業を継がせようとしたのか不可解で、母は自分のことしか考えない身勝手な女だと思っていた。

しかし、考えてみると、母の側にはそれなりの事情があった。母は猛烈な働き者で、急死したのも過労が原因だとしか考えられないが、父は何をしていたかと言うと、何もせず母にすべてを任せて遊んでいた。母は父に対して弱みがあったらしい。まず、父は初婚だが母は再婚で父と結婚できたことが有り難いことだったらしい。その上、子ができないのは母のせいで、もらいっ子のわたしを母の血筋からもらったことや、また、母の兄（わたしの実父）がぐうたら男だったため、そして、不運なことに、彼の妻（わたしの実母）が末っ子を産んで間もなく病死したため、残された子供たちのこと、実家のことが心配で、経済的にも援助していたことも引け目だったらしい。そのため、父がその父から受け継いだ家業をわたしに継がせ大いに発展させて埋め合わせをしたかったのではないか。わたしが進みたい道に進み、家業を見捨てたりしたら、母は父に対して立場がなかったのではないか。

しかし、そういう事情はわたしの与り知らぬことで、わたしはわたしで母の期待の重圧にあがいていた。母は働くのが楽しくて働いていたのではなく、苦労ばかりの不幸な人生だったと思うが、母の心とわたしの心が通じ合ったことはなかった。わたしは母の悪口をあちこちに書き散らした。

（『文藝春秋』誌は、毎号、「おふくろ」という欄でいろいろな人に自分の母親のことを語らせているが、右の文章はわたしが分担したもの。掲載誌を失くしたので、何年何月号のものかは不明）

自分に嘘をつかない

「嘘も方便」という諺もあり、人に嘘をつくのは必ずしも悪いわけではないと思うが、自分に嘘をつくこと、すなわち自己欺瞞は決定的に悪い。道義的意味において悪いかどうかはさておくとして、わたしが言いたいのは、自己欺瞞は自分の精神的、身体的健康という純粋に利己的な観点からもきわめて有害であるということである。自己欺瞞の最大の被害者は自分である。

すでにあちこちで述べたことがあるが、わたしは中学生の頃、強迫神経症に取り憑かれていた。どうして馬鹿げた観念が頭にこびりついて離れないのかからきしわからず、四苦八苦した。わたしの青春は強迫観念に追いまくられたアホらしいというか暗いというか虚しい青春であった。何とか強迫観念の原因を見つけようとあがいていて、精神分析と出会ったが、その原因に気づくには二、三十年かかった。なぜそのように長くかかったかというと、真実を知ることに強い抵抗があったからである。

その真実とは、母がわたしを愛していない、わたしも母を愛していないということであった。幼いわたしにはこの真実は耐え難かったのであろう。いつからかはわからないが、わたしはこの真実を否認し、自己欺瞞に逃げ込んだらしい。こんなにわたしを愛してくれる優しいいい母親はいないと思っていた。大きくなったら、この母のために身を捨てて恩返しをしなければならないと思っていた（そう思っているとき、何とも言いようのない鬱っぽい気分、うち沈んだ気分になっていた。ときには涙ぐんでいたことがあった。今から考えると、幼い子供がそのようなことを考えるのはいかにも変である。子供というものは、そのようなことは気にせず、おおらかにのほほんとしているものではあるまいか）。この自己欺瞞によってかりそめの安定と安心を得ていたらしいが、その代価の一つが強迫神経症であった。たとえば、実際にはお金を借りていない友人にお金を借りているという強迫観念があったが、これは母への重苦しい負い目を簡単に返せる友人への少額の借金にすり替えることによって軽減しようとする無意識的欺瞞策だったと考えられる。

もう一つの代価は、何とも言いようのない変てこな恋愛に嵌ることであった。わたしを愛してもいない身勝手な女に猛烈に惚れ込むのである。そして、彼女を途方もなく理想化し、崇拝し、彼女に愛されようとして献身的に尽すのであった。もちろん、それが成功して彼女に愛されるということはなかった。身勝手な女はどうしようもなく身勝手だし、それに、わたしの

「理想化」はどこか嘘っぽく、「献身的に尽す」尽し方は、初めは気づかなかったが、いかにもこれ見よがしで大げさで、うまい話をいっぱいするが、実を欠いていて、現実に彼女のためになるようなことは何もしないのである。しかし、主観的には献身的に尽しているつもりなのであった。これは、心のどこかでは母はわたしを愛していないのではないかと疑っていたが、それゆえになおさら母に愛されようとして、実はその気はないのに母に献身的に尽す振りをしていた幼いときの行動パターンの反復強迫だったと考えられる。

自己欺瞞に気づき、母とわたしのあいだには愛は存在していなかったという苦痛な真実を決定的に認識すると、これらの症状はまるで嘘のように消えた。それだけではなく、たとえば、わたしは酒癖が非常に悪く、いったん呑み始めると止まらなくなり、泥酔して人には迷惑をかけ、自分は恥を掻き続けていたが、その酒癖もすっかり収まった。酒を呑み始めると止まらないのは、好ましくない現実を否認しようとしているからである。いくら否認しようとしても、好ましくない現実は消え去らないから酔っ払って意識を麻痺させようとするのであろう。そのほか、胃潰瘍になったのも同じように母に関する心的葛藤とかかわりがあったと思われるが、自己欺瞞から解放されると、胃潰瘍からも解放されたようである。

好ましくない現実を否認しても、精神の別の面は現実を認識しているから（もし、現実を全面的に否認すれば生きてゆけない）、自己欺瞞は現実を否認する面と認識する面とに精神を引き裂くことになるが、わたしの場合、この精神の分裂は精神面で変な悪癖や神経症的症状などを惹き起こしただけでなく、身体面でも胃潰瘍などさまざまな病気の原因もしくは誘因になったようである。精神的健康や身体的健康を得るには、向精神薬などを飲んだり、健康食品なんかを食べたりしなくても、自分に嘘をつきさえしなければよいというのが、わたしの人生経験に基づく教訓である。

生き甲斐を得るために、何か価値がありそうな「有益な」目的を無理に考え出してその実現に努めるというようなことをわざわざしなくても、自分に嘘をつかず、そのまま現実を生きていれば、現実とのかかわりのなかで自ずとやりたいことが湧いてくるし、自分の助けを必要としている人が自ずと眼についてくるし、自ずと生き甲斐は感じられてくる。生きていることが虚しいのは現実を生きていないからである。何か不都合なことがあると、「なかったことにしましょう」と言う人がいるが、あること、あったことを「なかったことにする」ことこそ、ほんとうの生き甲斐を失わせる最大の原因である。それはまた、不可避的に現実への不適応をも招く。

こういうことは、個人に関して言えるだけでなく、集団に関しても言える。話は飛ぶが、日米戦争における日本軍の惨敗の最大の原因は、物量の差ではなく、日本軍が不都合なことを「なかったこと」にして現実から目を逸らしていたことである。そのため、現実には不可能なことが可能のような気がして愚劣な作戦を強行したり、また、作戦の失敗の原因が見えず、同じ失敗が無限に繰り返されたりするのであった。

（『文藝春秋 special』二〇一〇年冬号）

足を引っ張りたい心　嫉妬、この厄介なもの

嫉妬は人間特有の感情

まず、わたしは、嫉妬は人間特有の感情であると思っている。二匹の犬を飼っている人が、一匹を散歩に連れ出そうとすると、取り残された犬が盛んに吠えたりする。この犬は、連れて行ってもらえる犬に嫉妬していると思う人がいるかもしれないが、この犬は俺も連れて行ってくれと不満で吠えているのであり、嫉妬しているのではないと思う。嫉妬とは嫉妬の対象を貶め、破壊してしまいたい攻撃衝動であり、犬をはじめとして、人間以外の動物にはそのような衝動は存在しないと考えられる。

二匹の動物の雄が雌をめぐって争うことがあるが、勝負が決まると、負けた雄はあきらめて去るか逃げるかするだけで、勝った雄に嫉妬し、恨みを抱いて、そのうちいつか勝った雄を押

し退けて、あの雌をものにしようとすることはなく、手に入りやすい別の雌を探すであろう。

このように、嫉妬は動物にはない、人間特有の感情であるが、なぜ人間だけが嫉妬という厄介な感情を持つに至ったかというと、わたしの説によれば、それは人間が本能の壊れた動物だからである。本能が壊れていない動物は、本能に基づいて現実の状況に適応できるので、それ以上の不必要なことはしない。しかし、本能が壊れた人間は、もともと、何をどうしていいかわからないので、つねに不安である。それでは不適応になって滅びてしまうから、何とかしようと、一部の人間は自我というものを作り出し、本能の基準の代わりに、自我を基準として行動するという策を考え出した。この策を考え出すことができなかった人間は滅亡したであろう。生き残った人間は、自分は男だから、女だから、医者だから、兵士だから、社長だから、親だから、日本人だからなど、自分が何であるかに基づいて行動を選択し、決定するようになった。

この自我というものは、したがって、人間が生きてゆくためには必要不可欠であるが、本能のように人間の内在的な何らかの傾向とか資質とかに根拠があるものではない。バラの種子からバラの木が芽生え、バラの木にバラの花が咲く。バラの花はバラの種子の内在的可能性の実現であるが、自我は個人の内在的可能性の実現ではなく、主として他者から与えられた諸観念から成り立っている。この他者とは、まず最初は母親、ついで、父親であろうが、個人が成長するにつれ、兄弟姉妹、友達、学校へ行くようになれば、教師など、さまざまな人々である。彼らを通じて、個人が住む社会の信仰、伝統、風習、道徳などの共同幻想も自我の構成要素としてつけ加えられる。

このように、自我とは、主として生まれてからの人間関係において周りの人々から与えられた諸観念、そしていくらかは、それらの観念をきっかけとして自分が思いついた諸観念を材料として形成されたものであり、要するに、現実に合っているかどうかわからない、しばしば現実からズレていたり、現実に反したりする幻想体系であって、現実の自分とはほとんど関係がない。

幻想としての自我

自我は幻想であって、それ自体のうちに現実的根拠がないから、本質的に不確実、不安定である。したがって、自我が安定するためには、外部の何らかのものに支えられる必要がある。人々に好かれるとか愛されるとか尊敬されるとか恐れられるとか。社会的存在として地位とか役割とか名誉とか財産とか業績とか。それらのものに支えられて初めて自我は世界のなかで一応の居場所を得る。それらのものに支えられていなければ自我は空中分解する。

ところが、個人は自我こそは自分であると思っており、必死に自我を守ろうとする。必死にそれらの支えを確保しようとする。人に愛されようとし、褒められようとし、財産を増やそうとする。そうする以外に生きる術を知らないからである。

自我は幻想であるから、自我を守ろうとするそうした努力は、しばしば、現実の自分のためにならない。ためにならないどころか、現実の自分を害することもよくある。

たとえば、さっき例にあげたように、動物の雄は雌をめぐって他の雄と争っても、負けるとあきらめて去るだけであるが、人間の男は嫉妬して、女を殺したり、恋敵の男を殺したりする。そして、逆に殺されたり、殺したとしても罪人となって、人生を棒に振る。もし人間の生物学的個体保存本能が壊れていないなら、このような馬鹿げたことをするはずはないのである。彼は何をしようとしたのであろうか。女に振られても、死ぬわけではない。女に振られたことは、彼の生存ではなく、彼の自尊心を傷つけ、自我の安定を崩した。彼は崩された自我の安定を回復しようとしたのである。「隣りの貧乏は鴨の味」というが、隣りの人が貧乏であっても、何ら彼の生存に役立つわけではない。隣りの人が裕福であれば、彼は自我が不安定になり、嫉妬に苦しむのである。一生遊んで暮らせるほどの財産があっても、もっと財産を増やそうとして懸命に働く富豪がいるが、彼は財産が増えれば増えるほどますます自我が安定するような気がして、むなしい努力をしているのである。

このように、人間は幻想の自我を守るために、現実的、合理的観点から見れば、有害無益なことばかりしているが、本能が壊れてその代わりに自我を築き、自我を基準として生きている以上、そうせざるを得ないのである。

嫉妬とは自我の安定を脅かす者に対する攻撃衝動であるが、そういうわけで、本能が壊れた人間は嫉妬するのを免れることはできない。嫉妬は、一部の狭量な卑怯未練な人がもつ感情ではなくて、人間の最も基本的な感情であり、嫉妬しない人間は存在せず、個人や民族や国家の歴史は嫉妬で動いていると言っても過言ではない。

自分は自分であって、他人と比較する必要はない、他人と比較したりするから、いたずらに劣等感をもって苦しんだり、嫉妬に駆られて浅ましくも人の足を引っ張って引きずり下ろそうとしたりすることになるのだ、と説く人がいるが、人間は自分と他人を比較するのを止めることができない。なぜなら、石はほかのものとは無関係に石それ自体として石であるが、人間は他者との関係においてのみ何かであり得るのだから。他者との関係がなければ、何でもないのだから。自我の存立の基盤は自分のうちにはないのだから。人間は、子にとって親であり、患者にとって医者であり、男にとって女であり、生徒にとって教師であり、悪人がいるから善人であり、兄姉がいるから弟妹である。それらの属性が自我を構成している。まず自我があって、あとからいろいろな属性を身につけるのではない。

そして、猫は猫であるというだけで生きてゆけるが、人間は他者との関係において意味ある存在、価値ある存在、優越した存在、誇りをもてる存在であることを必要とする。本質的に不確実、不安定な幻想である自我は、それを支える意味、価値、優越、誇りを欠くことができない。これはどういうことかというと、自我は、意味、価値、優越、誇りに関して自分より劣る他者を必要とするということである。

自我の安定と人間の浅ましさ

人間がどうしようもなく悲劇的存在であるのはそのためである。本能が壊れていない動物は、自分の生存に必要な食糧しか求めないし、自分の個体保存や種族保存を妨害する対象しか攻撃しないし、種族保存のためにしかセックスしない。しかし、本能が壊れた人間は、自我を守るために何ら自分の個体保存や種族保存を妨げない対象でも、それが自我の安定をいささかでも脅かせば攻撃する。攻撃してその対象が逃げてゆき、脅威でなくなれば満足するかというと、必ずしもそうではなく、必要もないのに追っかけていって虐殺したりする。

そのような現実的には無用な行動はすべて自我の安定のためである。しかし、何度でも言うように、自我は幻想であり、本質的に不安定であって、完全に安定することはあり得ない。ところが、人間は自我が不安定であることに耐えられないので、何とか自我を安定させようと焦り足掻く。そのため、人間の争いは限度のないものとなる。動物は生存に必要以上のものを求めないが、人間は、生存に必要でなくても、自我の安定のために、自分が他者に勝つこと、他者より優越していて価値があることを求めるので、どこまでいっても最終的に満足することはない。自分が他者より優越していて価値があるためには、自分より劣等で価値が低い他者が必要であり、そのため、他者を劣等で価値が低い立場におこうとする。インドの不可触民が典型的な例であるが、多くの民族や国家に被差別階級があるのは、そのためである。被差別階級の存在がそれより上の階級の人たちの自我の安定を担保している（これは、規模は大いに異なるが、いじめられっ子の存在が他の児童生徒たちの自我を安定させ、クラスの秩序を維持しているのと同じ構造である)。しかし、低い立場におかれた者は、ますます自我が不安定になるから、黙っていることはできない。必ず反発する。それゆえに、優者は劣者につねに脅かされ、劣者を設けたからといっても、その自我が安定するとは限らない。

そういうことが最も露骨に見られるのが人間の男女関係で、男女関係を見れば、種族保存本能なんかはどこに消え失せてしまったかと言いたいほどである。男女の行動を動機づけているのは、種族保存本能ではなくて、ひとえに自我を守るための独占欲であり、独占が妨げられたときの嫉妬である。「女は他の女たちが寝たがる男と寝たがる」と言われるが、男も同じであって、「男も他の男たちが寝たがる女と寝たがる」のである。すなわち、男も女もその女その人、その男その人を欲しているのではなくて、他の男たち、他の女たちに勝ちたがっているのである。他の男たち、他の女たちを捨てて自分のところにくる女、男が欲しいのである。振られた男または女が振った女または男を追い求めるのは、その女またはその男を愛しているからではなくて、振られたことによって不安定になった自我の安定を取り戻したいからである。次から次へと女を口説き、征服することに情熱を傾けているドンファンは、女が好きというより、女よりも自我が大事なのであって、自分が女にモテることを証明したいだけである。女は自分がモテる男であることを証明するための使い捨ての道具にすぎない。セックスしている動物の雄にとって雌は、雌にとって雄は、お互いの共通の目的である種族保存のための協力者であるが、セックスしている人間の男と女はそれぞれの自我のために、それぞれ勝手なことを追求している。たとえば、売買春においては、売春婦はお金を稼ぐために女性器を提供しており、買春客は自分の性欲の満足のために女性器を使用しており、二人の性器はつながっていても、二人の心はバラバラである。

自覚すべき嫉妬の害毒

自分を優者とし、他者を劣者に貶めようとする争いは、個人と個人のあいだだけでなく、民族と民族、国家と国家のあいだにもある。もし、すべての国家がおのれの存立に必要な限度以上のものを求めないなら、国家と国家の関係は基本的に平和であろうし（そもそも、国家のようなものがなかったかもしれない）、戦争が起こっても、それほど破壊的なことにはならないであろう。利害の争いはお互いに傷つき、損をする限界を超えては広がらないが、優越の誇りを競う争いは、お互いに自分を危険に晒しても敵を撃滅しようとするので、限りなく残酷になる。

古代ローマ帝国に弾圧され、支配された西欧の諸民族は、おのれの存在価値の根拠を奪われた。言い換えれば、自我の安定を奪われた。そのため、それへの反発として成立した西欧の近代国家は、国家の主権、国家の尊厳を絶対視し、国家権力の優越、領土の拡大に執着することになり、西欧の諸国家間の争いは熾烈を極めることになった。近代以前から、西欧人ほどお互いに殺し合った人たちはいないし、近代以前は、西欧人は世界の諸民族のなかで最も悲惨で貧困な民族であった。そのため、難民となって大航海へと乗り出し、自然の豊かな恵みに安住していたアフリカ、アジア、アメリカの諸国家、諸民族に嫉妬し、広く世界中の侵略、搾取、植民地化に邁進した。無警戒、無用心だったそれらの諸国家、諸民族はたやすく侵略され、植民地化されたが、そのうち、その一部は西欧人に対抗して同じような権力主義的国家を築き上げた。その結果、世界は支配権や領土や利権をめぐって血で血を争う残忍な戦争の世界へと変化した。十九世紀と二十世紀は戦争の世紀であった。

翻って個人の問題に戻れば、人間の争いは、個人の場合も民族や国家などの集団の場合も、現実の利害得失をめぐってではなく、自我の安定、権威と誇りの維持をめぐって、それを脅かす者（脅かす意図はなくても、その存在そのものによって脅かす者）を引きずり下ろそうとする嫉妬を動機とする争いが主であり、そのような争いは、百害あって一利なきものであるが、人間とはそのような争いを免れることができない哀れな浅ましい動物であることを明確に自覚しておくことが、国家間においても個人間においても、嫉妬がもたらす害毒を、なくすることはできないまでも、できるだけ少なくする唯一の方法ではないかと思う。

（『児童心理』二〇一二年五月号、金子書房）

談志師匠と精神分析

立川談志が従来の伝統に逆らった反逆児だとか天才だとか、古典落語を語りながらも独創的だとか型破りだとかはよく言われていることなので、落語好きではあるが落語のことはよく知らないわたしが繰り返すことはないから、別に面白くもないであろうが、彼とわたしのごく浅く短い付き合いの話をしよう。

もう二〇年以上前のことだが、ある日の夕方、内田春菊さんから電話がかかってきて、今、銀座のバーで談志師匠と飲んでいるから、出てこないかと言う。春菊さんとは友達だったが、談志さんとは会ったことも話したこともなかったので、どうしてかと思ったが、何しろ暇だったので、二つ返事でのこのこ出掛けて行った。

行ってみると、そのバーには小室直樹さんもいて、何をしゃべったかは忘れてしまったが、大いに飲んだ。なぜ、わたしが呼ばれたかというと、談志さんがわたしの本を読んで、こんなことを書く奴はどんな奴か顔を見てみたいということになったそうである。

その後、彼はわたしを下町の飲み屋などに呼び出して二人だけでおしゃべりをしたり、ときにはお弟子さんが一緒だったり、何かのパーティに招待してくれたり、寄席に招いて落語を聞かせてくれたりした。わたしが勤めていた和光大学に内田春菊さんと一緒に遊びにきたことが二度ほどあった。わたしのゼミに参加し、そのあとのコンパで学生たちと飲んで騒いで、落語を一席、演じてくれたことがあった。コンパは大いに盛り上がり、学生たちが喜んだのは言うまでもない。わたしも有名な落語家と知り合いであるということで、学生たちのあいだで大いに株が上がった。

なぜ、彼がわたしにそのように親しくしてくれたかというと、わたしの説に興味を覚えたかららしい。落語と精神分析は人間の業を問題にしている点で同じ社会的役割を果たしていると言う。同じ社会的役割が西欧では精神分析、日本では落語という形に現れたのは、文化の違いのせいであると、と。

西欧人は権威ある思想家として高みから無知な一般民衆に対して高邁な理論を説くというか、難しげな理屈をこねるのが好きで、それとは対照的に、日本人は諧謔の精神に富んでおり、かつ、謙虚だから、一般民衆よりちょっと下の芸人として、ちょっと知恵が足りないような八っつあんや熊さんの姿を借りて面白おかしい話をするが、一般民衆に伝えようとしていることは同じであると言う。

伝えようとしていることとは、常識とか日常生活とかいうものは、人々が、世間体とか自尊心とかを保つためにというか、カッコよく生きるためにというか、無理して見せかけている表面的なタテマエであって、その表面の裏には、弱くて愚かで惨めで醜い人間のホンネが潜んでいるという東西古今共通の真実である、と。

このタテマエとホンネとの対立は、精神分析では意識と無意識との、自我（および超自我）とエスとの葛藤として語られるが、精神分析で描かれるこの葛藤は、暗くて深刻で陰惨で、当人をえらく苦しめ追い詰めて、神経症や精神病の原因となる悲劇的な現象であるが、落語では、誰もが身に覚えがあるようなちょっぴり恥ずかしい欠点や癖、聞く者の笑いを誘うほほえましい失敗談、何ともアホらしいホラ話、涙ぐましいがどこかおかしい人情話として語られ、みんなを解放的な気分にして楽しませる喜劇的な現象である、と。

談志さんは、わたしと会うと、この言葉通りではなかったと思うが、このような趣旨の話をとぎれとぎれにするのであった。わたしは、彼の話を聞きながら、ラカンが、日本にきたとき、どういう理由からかは知らないけれど、日本人には精神分析は要らないと言ったが、それは日本には落語があるからではないかと、ふと考えた。

（『ユリイカ』二〇一一年二月号）

草食系男子について

草食系男子なる若者が増殖しているそうである。『正論』の編集者によれば、草食系男子とは、「欲しいものは特にない。もちろん、車もいらない。だから運転免許も持っていない。海外旅行にも関心がない。欲しいのは貯金と安定」という若者だそうである。「草食系男子」という言葉が流行り出したのは最近のようだが、そう言われれば、そのような若者は、いつ頃からかははっきりしないが、この言葉が流行る遥か以前から周りにたくさん見掛けるようになっていたような気がする。彼らは、編集者の言うイメージにさらにつけ加えれば、立身出世欲がない、何か目標を持ち、計画を立てて、そのためにがんばるということをしない、責任感が乏しい、性欲も衰えたらしく、女を積極的に口説かず、熱烈な恋愛をしない、無知・無教養を恥じない、主義・信念がない、ものごとに執着せず、あきらめが早い、広く社会や世界の情勢への関心が薄い、酒をあまり飲まず、酔っ払って醜態を晒すようなことをしない、ごく親しい少数の仲間としか付き合わず、見知らぬ人を避けたがる、などの傾向があるように思われる。

昔は、青年は「大志」を抱くとか、自我の確立をめざして慣習や常識を無視するとか、青春は疾風怒濤の時代だとか言われていたが、今は、そのような若者もいないではないであろうが、ごく少数派になったような気がする。

敗戦前には、降伏を拒否して玉砕した守備隊員や敵艦に体当たりした特攻隊員のように祖国のために命を捨てるのをためらわなかった若者が無数にいた。敗戦後でも、わたしが若い頃にはまだ、帝国主義打倒とか革命とかの大義のために命を賭けた若者は少なからずいた。それが正しかったかどうかは別問題として。

祖国とか何かの大義とかの崇高なあるいは大げさな目的のためでなくとも、会社のためとか地位や名誉のためとか金儲けのためとか愛する人や家族のためとか知識や教養を深めるためとかの日常的な目的のためにでも、人々は真面目に懸命に働き、勉強していたようである。猛烈社員というのがいたし、学生は外国の哲学や文学を必死に学び、身に着けようとしていたし、外国への赴任や留学は憧れであったし、一流大学をめざす受験競争は過熱していた。

昔の若者が必ずしも立派だったわけではもちろんなく、今の若者が必ずしもだらしなくて情けないわけではないと思うが、しかし、玉砕兵士や特攻隊員や革命戦士は極端な例だとしても、恋愛にせよ立身出世にせよ、何らかの目的のために懸命にがんばっていたかつての若者たちはどこに消えたのであろうか。昔の若者と今の若者とはまさに天地雲泥の差があって比べものにはならないようにも思えるが、同じ日本人のあいだのこれほどの差はどこからきたのであろうか。日本の若者はいつの間にこれほど変わったのであろうか。

草食系男子なる若者、無気力・無感動・無関心な若者を周りにたくさん見掛けるようになったのはいつ頃からであろうか。その原因は何であろうか。

二度にわたる日米戦争の敗北

第一に考えられる原因は日米戦争の敗北である。最初は古代中国との関係によって形成されたと思われるが、日本という国は昔から、外国を崇拝する卑屈な外的自己と、外国を嫌悪し軽蔑する誇大妄想的な内的自己とに分裂しているという説をわたしは唱えている。この精神分裂病的傾向は、幕末に日本が戦艦四隻を率いたペリー提督に威嚇され、無理やり屈辱的開国を強いられて、さらに激化したと考えられる。日本は、圧倒的に軍事力が勝っていたアメリカ（およびヨーロッパ諸国）に迎合せざるを得ず、廃仏毀釈や浮世絵の破棄や城郭の取り壊しに典型的に見られるように、欧米のものはすべて進歩していて正しく、日本のものは遅れていて間違っているという前提に立ち、古来の伝統を投げ捨ててひたすら「近代化」を急がねばならなかった。

それ以来、日本は、アメリカを打倒してこの屈辱を雪ぎ、誇りを回復しようとする内的自己を内に秘めながら、軍事的・経済的力量の不足のため隠忍自重せざるを得ず、当面は、アメリカとの友好関係を何とか維持しながら、富国強兵に努め、死にもの狂いの努力をした。その甲斐があって、日清・日露・日独の戦争に勝利し、朝鮮と満州を支配下に収め、アジアにおいてアメリカと覇を競う大日本帝国へとのしあがった。強国となった日本にアメリカは警戒心を強め、日本を弱体化しようとして経済封鎖し、ハル・ノートを突き付けた。追い詰められた日本は一か八かの賭けに打って出て、真珠湾を奇襲し、日米戦争が始まった。幕末に屈辱的開国を強いられて以来、臥薪嘗胆を重ねて抑えに抑えていた内的自己をぶちまける機会がついにやってきて、日本国民の多くが積年の暗雲が晴れたかのような解放感を味わったのであった。

日本は、あらゆる犠牲を払い全力を尽して、想像を絶するほど必死に戦ったが、最後には原爆を落とされ、武運つたなく大惨敗を喫した。総力をあげ死力を尽して戦った末の敗北は耐えがたいほど大きなショックであった。日本は、しばらく腑抜けのようになっていたが、アメリカに味わわされた屈辱を雪ぎ、誇りを回復しようとする気力が消滅したわけではなかった。

敗戦から二十年ぐらい経った頃、六〇年代の後半に高度経済成長時代が始まった。日本のGNPは瞬く間にフランスを抜き、イギリスを抜き、ドイツを抜き、アメリカに次ぐ世界第二位となった。敗戦後の高度経済成長は、軍事力では回復できなかった誇りを経済力で回復しようとした必死のあがきであったと言うことができよう。日本製の自動車の進出によって、アメリカの自動車産業が打撃を受けて事業不振に陥ったのを見て、自動車会社の株主でも社員でもない無関係な日本人までがわがことのように喜んだ。日本人は、お金を儲けて豊かになり、幸福な生活を得るためではなく、あたかもアメリカに勝つために脇目も振らず働いていたかのようであった。

しかし、この勝利は束の間の勝利であった。日本の経済成長に対するアメリカのいろいろな対策（たとえば、規制緩和の名のもとに、日本の経営者や経済評論家にいわゆる日本的経営は間違った遅れた非効率的な経営方式であるという観念を植え付けるとか）は功を奏し、九〇年代の半ば、バブルがはじけ、日本の経済成長は、戦後初めてマイナスに転じた。これは、昭和二〇年の敗戦に次ぐ第二の敗戦だったと言われる。それ以来、日本の不況は続いて今日に至っている。

アメリカに対して軍事で負け、経済で負け、二度も敗北を喫して、日本人は誇りを回復しようとする気力を失ってしまったらしい。もちろん、内的自己は人格の不可欠の要素であるから消滅することはあり得ないが、内的自己を表明し、実践することをあきらめてしまったらしい。内的自己は深く抑圧され、ときおりの散発的な小爆発以外には姿を見せなくなった。

続く卑屈な米国への依存

無気力・無感動・無関心な若者が増えた第二の原因は、第一の原因と関連しているが、日本占領時代（昭和二〇〜二七年）のＧＨＱのプロパガンダである。それによれば、日本が戦争に負けて悲惨のどん底に落ちたのは、そもそもアメリカと戦争したからであった。アメリカと戦争したのは、内的自己に動かされたからであった。内的自己に動かされて始めた戦争が悲惨な結果を招いたということは、日本人に内的自己の正当性を大いに疑わせることになった。戦争に敗れた日本人は、内的自己に動かされて戦争を始めたことを後悔し、愚かだったと自分を責めた。

しかし、戦争を招いたという理由で内的自己の価値が否定されたことは、日本人の生き甲斐に破滅的影響を与えたのではないかと思われる。内的自己とは、人間が生きるよすがとして必要不可欠な価値と誇りの根拠である。人間は、内的自己に支えられて自分には生きるに値する価値がある、誇りある存在であると信じているからこそ生きてゆけるのである。内的自己の支えを失えば、人生は無意味で空虚で惨めなものとなり、何をする元気もなくなるであろう。日本で、ここ十一年以上、年間の自殺者が三万人を超えているのは、そこに原因があるのではなかろうか。

内的自己が戦争を招いた害ばかり問題にされるが、それは真実の半面に過ぎず、内的自己が価値と誇りを支えているという他の半面を忘れている。内的自己と外的自己はともに人格を形成する不可欠の要素であり、いずれが欠けても人格に支障が生じる。内的自己をおろそかにすれば、生きる価値と誇りを失い、外的自己をおろそかにすれば、現実に適応できなくなる。明治の初めから敗戦までは、アメリカに味わわされた屈辱から逃れることに心を奪われ、もっぱら内的自己を重視し過ぎて、外的自己をおろそかにしたために、日本は現実の国際関係に対処し適応することに失敗し、戦争中の戦略や作戦においても現実からずれてしまって彼を知らず己を知らずして百戦を殆くし、いたずらに戦力を消耗したが、敗戦後はその反動で、戦争はもうこりごりだということしか念頭になく、もっぱら外的自己だけにかまけて、内的自己をなおざりにしたために、日本人は、現在の対米関係に見られるように、底抜けに卑屈で屈従的にならざるを得ず、しかもその自覚がない国民となってしまった。

日米戦争においては、日本の被害は甚大であったが、アメリカも日本よりははるかに少ないにせよ被害を受け、とくに神風特攻隊に見られたような日本のすさまじい戦意に恐れをなした。そのため、アメリカは、日本占領中、日本国民が二度とふたたびアメリカに戦争を仕掛ける気にならないようにすることにプロパガンダの重点をおき、日本人に戦争の悲惨さと愚かさと罪深さを徹底的にたたき込んだ。連合国側の戦争犯罪はすべて棚上げし、自由・民主主義・人道主義を代表する正義の味方、アメリカが好戦的で残虐な犯罪国家、日本を裁いた東京裁判（極東軍事裁判）はこのプロパガンダの一環であった。

アメリカは東京裁判史観を日本に押しつけたが、日本がそれをすんなり受け容れたのは、単に押しつけられたからではなく、それが敗戦後の日本人の人格において支配的な位置を占めた外的自己と一致していたからでもあった。しかし、敗戦後しばらくは外的自己が圧倒的に優位に立っていたが、もちろん、内的自己は消滅したわけではなく、現在、依然として外的自己が優位に立ってはいるものの、内的自己は外的自己に対する反発や批判を強めつつある。

けだし、外的自己が優位に立ち続けたのは、敗戦後の日本人が戦争の愚かさを反省したためだけでなく、敗戦後の状況において、敵対するソ連や中国や北朝鮮の脅威から日本を防衛するためにはアメリカ軍に守られる必要があったからであり、また、日本は経済的にもアメリカに依存しており、アメリカとの貿易ぬきでは日本の経済は成り立たなかったからでもあった。いわば、敗戦後の状況において、アメリカ依存は日本の現実的生存のために必要であった。

しかし、敗戦から数十年経った現在、そのような状況が変化しているにもかかわらず、日本のアメリカ依存はそのまま変わらずに続いている。現在の日本のアメリカへのあまりにも卑屈な依存は、現実の軍事的ならびに経済的必要を超えて不必要に過剰になっているように思われる。過去の行動パターンが、今や不必要になっているのに、失われた過去の状況に固着して強迫的に持続しているというのが神経症的症状の特徴であるが、そういう意味で、この依存は一種の神経症的症状であると言えよう。

日本は被虐待児として育った

たとえば、人を思い通りに支配し利用することしか考えない手前勝手なエゴイストがいるとしよう。まともな大人なら、そのようなエゴイストはせせら笑って相手にしなければ済む。しかし、彼が親で、彼に養われている無力な子供の場合、そうはゆかない。第一、子供には彼がエゴイストであるということがわからない。彼はエゴイストであるが、今のところは彼に頼るしかないので、良い子のふりをして頼っておこうというような冷静な判断はできない。子供は、彼を愛情深いやさしい親だと思う。自分への彼の「愛」は世界における自分の存在の唯一の拠り所なので、それが信じられないと、世界に居場所を失うことになり、不安で耐えられないからである。ご存じのように、被虐待児のほとんどは、虐待を虐待と思わず、自分が悪かったので叱られたと思う。そう思っていれば、自分が悪い行いを改めれば彼にやさしく愛される可能性があることになるからである。彼が本質的に残酷な虐待者であるなら、人生に絶望しか残らないからである。周りの人たちには理解しがたいが、被虐待児はあくまで虐待親を弁護する。殺されても、弁護する。

このように虐待されながら育った子供においては、フロイトの用語を用いれば、残酷な「超自我」が形成される。子供は、初めは、親に適応するため親の規範に従うわけであるが、そのうち、親の規範を内在化し、自分の規範にしてしまう。その規範の由来は忘れられ、主観的には自分の判断に基づく規範であると知覚される。これが超自我である。そうなると、親がいなくても、親が死んだあとでも、その規範に基づいて行動するようになる。

それはさておき、一般的には子供は、成長するにつれ、判断力も発達し、親以外の多くの人々と接し、現実のもろもろの出来事に接し、いろいろなことを学んで、現実的な「自我」を形成することになる。

子供を愛し、子供のためを考え、子供が社会へ出たときのことも配慮する親に育てられれば、そのなかで形成される子供の超自我は決して残酷にはならず、子供の社会生活を支える道徳規範・良心となり、自我を正しい方向へ導きこそすれ、自我に敵対することはないであろう。ついでながら言えば、フロイトの精神分析療法は、残酷な超自我の起源と構造を明らかにして患者に自覚させ、それをこのような残酷でない超自我に作り直すことをめざすのである。

しかし、残酷な親に育てられるなかで形成される残酷な超自我は、自我に敵対し、自我を弾圧し、貶め、苦しめ、その伸びようとする芽を摘み、その誇りを奪おうとする。それでも、子供がまだ幼いうちは、超自我の体制が何とか保持されることはあるが、青年期になると、ますます発達する自我がついに耐えられなくなり、圧制的な超自我の弾圧を打ち破り、噴き出してくることがある。それまで超自我によって抑えつけられ、歪められ、外の現実から遮断されていた自我はとんでもない奇異な妄想的なものになっていて、それが突然噴き出してきて、わけのわからぬことを口走ったりするので、周りの人々はびっくりする。これが精神分裂病の発病である。精神分裂病は、だいたい、思春期、青年期に発病する。この時期は、普通なら、個人が親の規範の内在化である超自我を批判的に克服し、自我に採り入れて主体的な自我を確立する時期であるが、超自我があまりにも残酷で圧制的であるため、自我を主張するには超自我をぶち壊すしかないとき、そういうことになるわけである。

噴き出した「自我」は噴き出しっ放しになることもあるが、噴き出しっ放しになれば、個人は破滅するであろう。それは、集団のレベルで言えば、たとえば、大日本帝国が日米戦争において本土決戦を決意し、一億玉砕したのと同じようなことであろう。そうならないためには、噴き出した「自我」を引っ込め、残酷な「超自我」が支配を回復する必要があるが、そのときには、個人は、残酷な「超自我」の症候群、すなわち、罪悪感、劣等感、空虚感などに苦しめられ続けるであろう。

フロイトは、このように、人格構造とその病理を「超自我」と「自我」（ほかに「エス」）という用語で説明したが、R・D・レインは「外的自己」と「内的自己」という用語を使う。外的自己は超自我に、内的自己は自我に当たると考えられるが（フロイト理論とレイン理論は異なるので、厳密に言えば、いくらかずれるが）、外的自己は、外部にいる他の人々との関係において形成されるもの、内的自己は個人が内面的に自分の人格の統一性を保持するために形成するものなので、精神分裂病を説明するためには、レインの用語のほうがはっきりしていて、わかりやすいと思うので、わたしはそのほうを使っている。

さて、日本の問題に戻ると、日米戦争に惨敗して降伏し、戦争を支えていた内的自己は全面的に拒否されて、敗戦後の日本はもっぱら外的自己（超自我）に支配されることになった。これまで述べてきたように、この外的自己（超自我）は、そもそも、日本を軽侮し威嚇して不本意な開国を強制したアメリカ、窮地に追い込まれた日本が焦り足掻いて多大の苦しい努力のあげく、いくらか頭を擡げ始めると、経済封鎖などによって日本をして負けるに決まっているような危なっかしい戦争に訴えざるを得ないところに追い詰めたアメリカ、その上、原爆まで落として日本に敗北の屈辱を味わわせて、日本人の誇りをズタズタにしたアメリカとの関係において形成されたものである（もちろん、すでに述べたように、それだけに起因するわけではないが）。つまり、外的自己（超自我）は、日本に対してアメリカが押しつけようとした規範を日本が内在化したものであり、日本についてアメリカが抱いていたイメージが今や日本の自己イメージとなっている。したがって、それはまさに、被虐待児において残酷な親との関係において形成された残酷な超自我と同じ機能を敗戦後の日本において果たしていると考えられる。

このように日本にとって非常に不利な外的自己（超自我）が、アメリカにとって非常に有利な形に日本人において形成されたのは、一つには、江藤淳が指摘したように、日本占領中のＧＨＱの巧妙な検閲の成果かもしれない。ＧＨＱは、言論の自由を掲げ、検閲をしていないかのように見せかけながら、実は、アメリカ兵による戦時中の日本兵捕虜の虐殺や、日本占領中の殺人・強姦などの犯罪の報道、占領軍に対する批判などを禁止し、逆に、日本兵の戦争犯罪を大々的に宣伝した。検閲していないと称して検閲するこのような隠微な検閲のやり口は、支配者の常套手段である。たとえば、子供を愛しておらず、利用しようとしているだけの親が、親自身のためのことを「おまえのためだ」と称して子供に押しつけるのと同じやり口である。日本人は、子供と同じように、このやり口にひっかかってしまった。

草食系の誕生は反動形成

ところで、草食系男子もその一例であるが、敗戦後の日本に特徴的に見られるさまざまな現象は、このようにして形成された外的自己（超自我）に日本が取り憑かれた結果として発生したと考えられる。

まず、外的自己（超自我）を正当化し、その症候群（罪悪感、劣等感、空虚感など）を日本国民に浸透させようとする一部の日本人のグループがある。彼らは、大日本帝国の全行動、内的自己の全表現を弾劾する。彼らは、日本人が残虐で罪深く劣等であることの証拠を捏造してまでも躍起になって証明しようとし、日本をあしざまに罵る。つまり、敗戦後何十年経っても、東京裁判史観をそのまま継承しているわけであるが、その自覚はなく、被虐待児の場合と同じく、自分の自主的判断に基づいて正しいことを主張しているつもりである。正しいことを主張しているのであるから、証拠がいい加減でも許されると思っている。親が死んでから何十年経とうが、被虐待児が、自分を虐待した親の規範を捨てられないのと同じである。彼らが厄介なのは、この症候群は神経症的症状であって、強迫性を帯びており、その主張が現実の証拠に反していることや、不合理であることを指摘しても、動じないことである。論理的説得をいっさい受けつけない。それは、神経症の患者にその症状が馬鹿げているとどれほど説明しても症状が消えないのと同じである。

大江健三郎などのいわゆる進歩的文化人や、日教組などの団体がこの種の日本人グループの代表であるが、彼らは、一部の人々には嫌悪され軽蔑されているものの、神経症的症状が単なる意識の表面の現象ではなくて、患者の人格構造全体に深く根を張っているのと同じく、民衆から孤立して浮き上がっているわけではなく、その底辺に至るまで広く支持されている。それは、彼らが敗戦後の日本国民のあいだに蔓延しているある種の共同幻想と相通じているからであろう（方向は逆であるが、戦争中の一部の軍部官僚も、大江健三郎らとまったく同じく、強迫性を帯びた神経症的症状を呈していて、論理的説得をいっさい受けつけず、やはり、民衆のあいだに広い支持があった）。

この共同幻想は、精神分析用語で言うなら「反動形成」ということになろう。反動形成とは、フロイトは親を憎んでいる息子が親に過大な愛情を捧げ、すべてを犠牲にして親のために献身する例をあげているが、しごく単純なことであって、間違って失敗したと思ったとき、それとは正反対の極端に走ることである。

草食系男子とは、まさに戦争中に称賛された、敵愾心に燃えた攻撃的兵士を逆転させた人物であろう。また、敗戦後の一時期の過激派の反米運動もまったくの無効に終って、敵と戦うということだけでなく、何に関してもとにかく攻撃的、積極的なのはよくないし、またムダでもあるということになって、男はセックスにおいても恋愛においても勉学においても政治においても立身出世においても、棚から牡丹餅が落ちてくれば別だが、自ら手を出して摑み取ろうとはしなくなったようである。暴漢がバスを乗っ取り、乗客のうち男たちはみんな逃げ出し、女たちだけが残されてそのうちの一人が殺されたとか、JRの特急の車内で痴漢が若い女をトイレに連れ込んで強姦したが、女が泣き叫んでいたにもかかわらず、四十人ぐらいいた乗客は黙って見ていただけだったとか、昔なら考えられないような事件がときに起こるが、このような事件が起こるのは、戦争中に悠久の大義のため、誇りを守るために命を惜しまぬことがあまりにも強調された反動で、勇気の価値が貶められ、卑怯なのが自然な人間性の表れであって、がんばって無理することはない、人のために命を失うどころか、ちょっとした怪我をするのもアホらしい、誇りを守って危険を冒すのはアホらしいということになったからであろう。

もちろん、今や豊かな社会が実現し、餓死する心配がなくなったとか、フェミニズム運動のおかげで女の性欲が解放され、女のほうから男を求めるようになったとかのために、男が積極的である必要がなくなったということもあるかもしれないが、そういうことは副次的条件に過ぎず、基本的には、これらの現象は戦争中に対する反動であると思われる。

けだし、日本の歴史は、反動、反動に対する反動、反動に対する反動に対する反動の連鎖で動いてきたように思われる。古代のことはさておくとして、近代に限っても、江戸時代は、人々が無闇に殺し合った戦国時代に対する反動であり、明治時代は、平和に慣れて外敵に対する防衛など念頭になかった江戸時代に対する反動であり、敗戦後の時代は、戦争に明け暮れた敗戦前の時代に対する反動であった。

東京帝国大学医学部の初代教授であったドイツ人のベルツが、学生に日本の歴史について尋ねたところ、これまでの日本には歴史はなかった、日本の歴史はこれから新しく始まるという答えが返ってきたのでびっくりしたという話がある。また、わたしは覚えているが、敗戦直後、これまでの日本はすべて間違っていた、これから新たに正しい日本が始まるということが盛んに言われていた。このように都合の悪い過去は「なかった」ことにして無視し、歴史から学ばないのは、江戸時代の武士も明治維新の志士も戦争中の軍国主義者も敗戦後の民主主義者もまったく同じなのである。ここに日本のいちばん大きな問題があるのではなかろうか。

(『正論』二〇一〇年四月号、産経新聞社。原題＝草食系男子を生んだ時代を精神分析する)

わたしの太宰治

1

太宰治は、わたしが若いころ、えらく惹かれて読みあさり、その後、嫌いになり、そのうちいつの間にか、関心を失った作家であるが、関心を失ったといっても、いつも心の隅のほうで何か引っ掛かっていた。大学の教員をやっていたとき、毎学年、太宰治が好きな学生が必ずと言っていいほどいて、彼らの要望に応えて一年間、太宰治論のゼミをやったこともあった。学生たちのあいだでも同じであったが、この作家は、やはり、好きな者はのめり込むほど好きで、嫌いな者は虫唾が走るほど嫌いだという両極端に分かれる作家である。虫酸が走るほど嫌いだというのは、「可愛さ余って憎さ百倍」と言われるように、好きの裏返しで、無関心ではいられないということであろう。嫌いな者は彼に自己憐憫《れんびん》を嗅ぎ取って鼻持ちならぬ気になるらしい。

今年は太宰治の生誕百年だとのことであるが、世の中では依然として太宰治への関心は高く、彼の作品は売れ続け、読まれ続け、桜桃忌には禅林等の彼の墓の前に大勢のファンが集まるとのことである。死後、彼ほど長く読まれ続ける作家は珍しいと思う。

多くの人に読まれ続けるのは、日本人一般に共通な、あるいは特徴的な何らかの心情を彼の作品が表現しているからであろう。実際、彼が好きな者も嫌いな者も、それは彼の作品の主人公に自分を見るからであろう。そこに見えた自分が哀れでたまらなかったり、そのいやらしさに耐えられなかったりするようである。いずれにせよ、その心情はおおっぴらに公認されている心情ではないであろう。おおっぴらに公認されている心情であれば、わざわざ小説などという回りくどい方法で表現される必要はないであろう。

太宰治が好きな一部のファンは、彼が好きだということを自信をもって堂々と表明することにためらいがあるようで、何か恥ずかしいような、テレ臭いような、うしろめたいような気がするらしいが、それは、彼らが、彼の作品に見出す心情が、あまり認めたくないが心のどこかで抑えがたく感じている心情だからであろう。

日本人一般に広く見られるが、あまり好ましいとはされていない心情とは、わたしのみるところ、対人恐怖ではないかと思う。

わたしは、以前、『幻想の未来』という本で、日本の精神医学の専門用語はほとんど外国語からの訳語であるが、対人恐怖症は少ない例外の一つで、これに当たる外国語はなく、それは、この神経症が日本人特有だからであると論じたことがある。詳しくはその本を読んでもらうしかないが、簡単に要約すると、日本人は人々の気持ちを重んじ、配慮する。そのため、人々の気持ちを傷つけ、人々に嫌われ、蔑《さげす》まれ、憎まれることを非常に恐れる。それに反して、一神数の欧米人は神を恐れるが、他の人々のことはあまり気にしない。この違いに、もっぱら日本に対人恐怖症という特異な神経症が発生した根本的理由があると、わたしは考えている。

2

なぜ、日本に対人恐怖症が発生したかは次のように説明できる。近代において、他の人々のことをあまり気にしない欧米人に接して軍事的、政治的、文化的に敗北したと思った日本人は、他の人々のことを気にしない（というか、他の人々の気持ちを平気で踏みにじるように日本人には見えた）欧米人の特徴を「強さ」と誤解し、欧米人に対抗するためには欧米人のように「強く」ならなければならない、欧米的な強い「近代的自我」を確立しなければならないと思い込み、伝統的な日本文化においては人間として当然のことであった、他の人々の気持ちに対する配慮を「弱さ」として弾圧するようになった。

欧米人が日本人ほど人々を恐れないのは、神を恐れるからであり、それは、文化の違いであって、欧米文化が神への恐れを基軸として秩序を維持しているように、日本文化は人々への恐れを基軸として秩序を維持している。したがって、いくら欧米人に対抗するためとは言え、人々に対する配慮を否定するなら、日本文化が崩れ、社会秩序が失われるのだから、当然のことながら、日本人から人々への配慮と恐れをなくすることはできない相談であった。

ところが、おかしなことや愚かなことや変なこともするいろいろな面白い神々が八百万もいる日本にいて、復讐の神、処罰の神、嫉妬の神である全知全能の唯一絶対神の恐ろしさなどには考えが及ばない日本人は、一神教がどういう宗教であるかがあまりよくわからなかったので、欧米人が人々を恐れないのは、人間なんかよりはるかに恐ろしい神がいるからであることに気づかず、欧米人がいかなる恐れからも超然とした自主独立の人間であると錯覚したのであった。

人々に対する配慮は、人間として当然のことであると意識的に称賛されていれば、確信に支えられた統一的体系として道徳の規範となり得るが、否定されて無意識へと抑圧された「人々への配慮」は、意識においては正当な根拠が見えなくなるので、心情としては同じものであっても、不合理で病的な「対人恐怖」となって、意識へと戻ってくる。それは、人々を恐れて卑屈に人々のご機嫌を伺い、自信なく不安に駆られてむやみに人々に気に入られようと焦る見苦しい傾向となる。すると、もともとは人々の気持ちに対するやさしい配慮であった心情が克服しなければならない病的症状、すなわち、「対人恐怖」となった。

そこで、このような見苦しい「弱さ」を否定して、「強く」なろうとするが、その努力は文化的基盤を欠いているために必然的に挫折し、「対人恐怖」に足を掬《すく》われてあがく神経症の患者が近代以降の日本人に数多く見られるようになった。近代日本人において、「対人恐怖」を克服しようとする意識と、依然として「対人恐怖」が存続する無意識とが葛藤するようになった。日本の精神医学は、それを対人恐怖症と名づけたのである。太宰治の『人間失格』の主人公、大庭葉蔵はまさに典型的な対人恐怖症の症例であると言えよう。

3

『人間失格』は、太宰治の多くの作品のなかでもとくによく読まれる作品とのことである。近代において公式的には克服すべき「弱さ」として侮蔑されてきた心情であるが、日本人の多くが、なぜか納得できず、心のどこかでこれこそは人と人とのつながりを支えるものではないかという気がして否定しかねている心情と、それに関する葛藤を、これでもか、これでもかとあますところなく徹底的に描いた作品が『人間失格』ではないかと思う。

葉蔵が東北生まれで、しかも末っ子であり、彼の父親が中央政界に活躍する政治家であるというのも、話の筋にうまく沿っている。東北の諸藩が戊辰戦争で官軍（西軍）に敵対したためもあって、東北地方は明治維新後には新政府に差別されて、いささか近代化に後れを取った、あるいは近代化になじまなかった地域であり、また、中央政界に活躍する政治家というのは、そのなかでは中央につながっている人物である。

葉蔵の兄たちは『人間失格』に登場しないが、そのような父親と同じく、「対人恐怖」なんかは克服して「近代的自我」を確立した人物（わたしによれば、そのような人物が近代日本にいたはずはないが、対人恐怖症の患者からはそのように見えるであろう）であると想定されているように思われるが、末っ子の葉蔵は父親や兄たちと違って、近代化から落伍した落ちこぼれであり、その地域ではお金持ちの名家（ということは、貧しい庶民からいくらか浮き上がっていた家ではなかったかと考えられる）の恥さらし、はぐれ者、余計者であった。葉蔵が「尊敬されるといふ観念もまた、甚だ自分をおびえさせ」ると語るのも、「淫売婦…のふところの中で、自分はかへって全く安心して、ぐっすり眠る事が出来」たのも、「共産主義の…地下運動のグルウプの雰囲気が、へんに安心で、居心地がよく、つまり、その運動の本来の目的よりも、その運動の肌が、自分に合った感じ」であったのも、この「お金持ちの名家」の一員であることのうしろめたさから逃れたいということであろう。

葉蔵の「第一の手記」は、「恥の多い生涯を送って来ました。自分には、人間の生活といふものが、見当がつかないのです」という文で始まるが、まさに、近代化からの落伍者である葉蔵は、近代人としての正しい生き方とはどういうことか見当がつかず（「自分には人間の営みといふものが未だに何もわかってゐない」）、その正しい生き方から外れているので、恥に恥を重ねる生き方しかできない。

当然、彼は対人恐怖症となり、「人間に対して、いつも恐怖に震ひをののき、また、人間としての自分の言動に、みぢんも自信を持て」ないし、「自分の人間恐怖、それは以前にまさるとも劣らぬくらゐ烈しく胸の底で蠕動してゐました」。これは、葉蔵に誇張された典型的な形で表れているが、従来の生き方を否定されて何やらよくわからない強い「近代的自我」とやらを確立しなければならないと思い込んでいたが、どういうわけかうまくゆかなかった日本人の一般的な精神状態であった。

4

個人の人格構造と集団（国家など）の社会構造・政治構造とは対応しているというのがわたしのかねてからの説であるが、日本という国家のことを言えば、明治・大正・昭和を通じての日本国家の「富国強兵」政策は、国家のレベルでの、強い「近代的自我」、すなわち大日本帝国を確立しようとする努力であった。

この努力は、日清・日露の両戦役と第一次大戦に勝利して世界の五大国の一つにのしあがったところまでは成功したかのように見えたが、しかし、もともと「富国」も「強兵」も日本が内発的に自ら育んだ目的ではなく、欧米諸国の恫喝《どうかつ》と脅威に屈して追い込まれた敗北感と劣等感と屈辱感から逃れるために無理やりおのれに強いた目的であり、したがって、現実感覚を欠いており、現実的に可能な適度というものがわからず、歯止めなく過剰、過激に走ることになった。それが行き着いた必然的結末が、現実感覚を欠いて現実的条件を無視した日本軍のむちゃな作戦であり、日米戦争の惨敗であった。

個人のレベルでの強い「近代的自我」の確立が失敗し、国家のレベルでの強い軍事大国への野望が挫折した敗戦後まもなく、『人間失格』は書かれた（葉蔵は東京に住んでも、「東京見物などする気も起らず…明治神宮も楠正成の銅像も泉岳寺の四十七士の墓も」見なかったとわざわざ記されているのは、太宰治が、近代化のリーダーを祭ってある神社や、忠義の模範である武士を敬遠していたということで、近代日本の軍事大国への野望に共鳴していなかったことを示唆しているように思われる）。そして、日本はいまだにアメリカ軍の占領下にあって、敗戦の後遺症は続いている。したがって、この作品は、明治以降のみならず、敗戦後六十余年を経た現在もなお、日本人個人の物語としても、日本国家の物語としても読むことができるのではないかとわたしは思う。

葉蔵は「…考へれば考へるほど、自分には、わからなくなり、自分ひとり全く変ってゐるやうな、不安と恐怖に襲はれるばかりなので…そこで考へ出したのは、道化で」あった。道化というのは、対人恐怖をごまかすためには有効な方法であろう。

彼は「ばれるにきまってゐるのに、そのとほりに言ふのがおそろしくて、必ず何かしら飾りをつけるのが、自分の哀しい性癖の一つで…自分は自分に利益をもたらさうとしてその飾りを行った事はほとんど無く、ただ雰囲気の興覚めた一変が、窒息するくらゐおそろしく」、「自分はひとと言ひ争ひの出来ない質で」、「自分の不幸は、拒否の能力の無い者の不幸でした。すすめられて拒否すると、相手の心にも自分の心にも、永遠に修繕し得ない白々しいひび割れが出来るやうな恐怖におびやかされる…」ので、道化によってその恐怖をごまかさざるを得なかったのであった。

5

人と真剣に対峙して、ありのままの自分を表明すれば、人と自分との不一致な点が露呈し、「雰囲気の興覚めた一変」が起こり、「白々しいひび割れ…が出来る」から、自分を貶める道化、わざとしくじる道化によって、人を笑わせ、人と自分とのあいだに不一致な点など一つもなく、人に自分は面白い無害な人間だと思わせなければならなかった。それは、「…自分は、この道化の一線でわづかに人間につながる事が出来たのでした。おもてでは、絶えず笑顔を作りながらも、内心は必死の、それこそ千番に一番の兼ね合ひとでもいふべき危機一髪の、油汗流してのサーヴィスで」あった。

「拒否の能力の無い者」である葉蔵は「…両親たちに何か言はれて、口応へした事はいちども有りませんでした。そのわづかなおこごとは、自分には霹靂の如く感ぜられ、口応へどころか、そのおこごとこそ、謂はば万世一系の人間の『真理』とかいふものに違ひない…と思ひ込んでしまふ」のであった。

対人恐怖者のこのような盲信盲従の態度は、国家のレベルでも見られ、戦後の日本の政治家は、日米関係において、アメリカの要求を「万世一系の人間の『真理』」のように受け取り、日本はこうしたいとは言わず、日本はどうすればいいか、アメリカはどうするつもりかとアメリカにお伺いを立てる習慣になっている。日本独自の意見を表明してアメリカとのあいだに「白々しいひび割れが出来る」のが怖いのである。そう言えば、アメリカの大統領の前でプレスリーのまねをして踊り、笑わせたか、笑われたかした日本の首相がいたと聞いている。

対人恐怖と道化とは悪循環する。道化とは、無理に自分を偽って見せることだから、その偽りがばれる不安につきまとわれざるを得ない。

葉蔵は「わざと厳粛な顔をして、鉄棒めがけてえいっと叫んで飛び、そのまま幅飛びのやうに前方に飛んでしまって、砂地にドスンと尻餅をつきました。すべて、計画的な失敗でした。果して皆の大笑ひに」なったが、竹一という「白痴に似た生徒」に背中をつつかれ、「ワザ、ワザ」と囁かれる。彼は「ワザと失敗したといふ事を、人もあらうに、竹一に見破られ…世界が一瞬にして地獄の業火に包まれて燃え上がるのを眼前に見るやうな心地がして、わあっ！と叫んで発狂しさうな気配を必死の力で抑へ」たのであった。彼は、偽りがばれる不安から逃れるためにさらに道化に走り、それがまた不安を強めるのであった。

葉蔵は「世間とは、いったい、何の事でせう。人間の複数でせうか。どこに、その世間というものの実体があるのでせう」と疑い、「(世間とは個人ぢやないか)といふ、思想めいたものを持つやうになった」。

わたしに言わせれば、世間とは具体的な複数の個人ではなく、日本文化の共同幻想の一つであって、明文化されてはいないが、人間とはかくかくであるべきである、これこれのことをするのは人間ではないというような一種の人間観であり、この人間観が道徳的規範となって日本社会の秩序を支えてきている。

6

日本人は、世間に笑われないよう、人でなしにされて、つまはじきにならないように努める。この世間という規範は、欧米から輸入した(と思われている)近代的自我の規範と対立したようで、そのため、世間などというものにこだわるのは時代遅れで「封建的」であるから、近代日本人は世間を無視して個人の自由を尊重すべきであるということになった。

それが正しいかどうかはさておくとして、世間の無視と対人恐怖とがつながっていることは確かである。葉蔵は、共同幻想としての世間を個人の群れに解体した。解体すれば、共同幻想としての、規範としての世間は崩れ、断片化する。人々は行動の一般的基準を失い、その場その場でこの人あの人の気まぐれなさまざまな意向に振り回される。和を貴ぶ日本人の抽象的な世間への当然の畏怖が、断片化した目の前の個々の人間への不合理ないじけた恐怖となる。世間に対する配慮が「気の弱さ」、対人恐怖となる。

葉蔵は田舎から東京に出てきて、気が進まないが、父親の指示に従って普通の高等学校（旧制）に入学する。しかし、絵描きになりたい気があり、学校にはあまり行かず、ある画塾に通う。そこで、堀木正雄という画学生と知り合う。

堀木は根っからの都会人で、彼に酒をたかり、小金を借りて返さないチャッカリした男で、田舎者の彼が「愕然と眼をみはったくらゐの、冷たく、ずるい」エゴイストであったが、軽蔑しながらも気楽につき合えるので、東京での彼のただ一人の友人というか、遊び相手になった。「堀木に財布を渡して一緒に歩くと、堀木は大いに値切って、しかも遊び上手といふのか、わづかなお金で最大の効果のあるやうな支払ひ振りを発揮し…、安い割に、ぜいたくな気分になれる…実地教育をしてくれ」るのであった。

彼がそのような堀木に「お前の、女道楽もこのへんでよすんだね。これ以上は、世間がゆるさないからな」と柄にもないお説教をされたことが、彼が世間とは何か、世間とは堀木のことではないかと考え、さらに世間を解体し始めたきっかけであった。

東北生まれの田舎者の葉蔵と、都会人の堀木との対比が、対人恐怖に囚われた者と、対人恐怖を持っていないように見える者との対比として表れ、それがまた、日本人と欧米人との対比に通じ、対人恐怖とはどのようなものであるかを際立たせている。

結局、葉蔵はモルヒネ中毒患者になって脳病院に入院させられる。彼は人間を失格した廃人となり、世間から見捨てられる。しかし、昔、彼と一緒に暮らしていたことがある京橋のスタンド・バーのマダムによれば、「私たちの知ってゐる葉ちゃんは、とても素直で、よく気がきいて、あれでお酒さへ飲まなければ、いいえ、飲んでも、…神様みたいないい子でした」。

7

太宰治は、葉蔵を描くことによって何を言いたかったのであろうか。

葉蔵は、近代社会においては不適応な人間失格者であり、むやみに人を恐れ、自分を失っているみじめな対人恐怖者ではあるけれども、それは近代社会のほうが間違っているのではないか、対人恐怖という形に頽落《たいらく》しているけれども、彼の心情は、本来は人と人とのつながりを支えていた思いやりと人情なのではないか、それが彼を脳病院に追い込むことになったのは、近代において強い「近代的自我」がいたずらに称揚され、その確立の足手まといになるとしてその種の心情が不当に貶められてきたからではないか、ということを太宰治は言いたかったのではないか。葉蔵と対比して描かれている都会人の堀木のチャッカリしたいやらしいエゴイズムは、近代人の醜さの例として描かれているのではないか。

葉蔵は竹一に「お前は、きっと、女に惚れられるよ」と予言され、東京に出てから、「淫売婦に依って女の修行をして…めっきり腕をあげ…自分にはあの『女達者』といふ匂ひがつきまとい、女性は（淫売婦に限らず）本能に依ってそれを嗅ぎ当て寄り添って来る」ようになる。「喫茶店の女から稚拙な手紙をもらった覚えもあるし、桜木町の家の隣りの将軍のはたちくらゐの娘が…そこの女中が…いつも買いつけの煙草屋の娘…思ひがけなく故郷の親戚の娘から…」など。彼は「何か女に夢を見させる雰囲気が自分のどこかにつきまとってゐる」ことは否定できないと思うのであった。

マルキシズムなんか信じていないのに、その地下運動に関係していたころも、葉蔵「に特別の好意を寄せてゐる女が三人」いた。一人は彼が「下宿している仙遊館の娘」、もう一人はその運動の「同志」の女子高等師範の生徒、三人目は「銀座の或る大カフエの女給」で、彼はこの女給のツネ子と心中し、彼だけが生き残る。

その後も、雑誌社の女記者のシヅ子のところに転がり込んで「男めかけみたいな生活」をし、「シヅ子の帯やら襦袢やらをこっそり持ち出して質屋に行き、お金を作って銀座で飲」む。それからシヅ子から逃げ出して、京橋のスタンド・バーのマダムが住む二階に転がり込む。次は、そのバーの向かいの小さな煙草屋の十七、八の娘のヨシ子を内縁の妻にして同棲する。最後に関係したのは、モルヒネをくれた薬屋の奥さんであった。

葉蔵はこのように次から次へとえらく女たちにモテてモテてモテまくるが、近代化を急いだ男たちと違って、少なくとも女たちには葉蔵のような男が愛され、受け容れられる世界を太宰治は夢見ていたのであろうか。

日本の近代化には、少なくとも精神的な面では大きな無理があり、いまだに日本人の心に深い傷跡を残していると、わたしは考えているが、『人間失格』は、近代化は止むを得なかったとしても、果たして本当に必要であったかと何となく割り切れない思いをしている多くの日本人に訴えるところがあるのであろう。

（『東奥日報』二〇〇九年三月九日〜十七日夕刊に連載）

アンケート

人生に意味はあるか

人生に意味はない。それは猫生や鯨生や豚生に意味がないのと同じである。本能が壊れた人間は、代わりに自我に頼って生きており、自我は幻想だから、もともと何の目的も役割も居場所もないが、それでは、どう生きればいいかわからず、生きる元気も出ないので、自我を意義づけ、位置づけるために人生に意味を必要とする。人間は人生の意味を探すが、ないものを探すわけだから、必然的にさまざまな愚行を犯すことになる。愚行をすべて避けようとすれば、生きるのをやめるしかないから、なるべく愚行を少なくして何とか生きるしかない。

（『monkey business』二〇一一年冬号、「人生に意味はありますか」との質問への回答）

わたしの丸中丸高時代

われわれの世代は激動の時代に育った。われわれが小学校（国民学校）に入学したのは皇紀二千六百年、昭和十五年で、翌年に日本海軍が真珠湾を攻撃し、日米戦争が始まった。小学生のときは軍国主義教育一辺倒で、鬼畜米英を撃滅し、国のため天皇陛下のために戦死するのが日本男児の栄光であった。元水兵の教師がいて、生徒はよく殴られたが、彼は真面目な人で、殴るのは軍人精神を叩き込むためであった。手旗やモールス信号を教えられ、神武天皇からの一二四代の歴代天皇の名を暗記した。

ところが、小学六年生のとき、無敵のはずの大日本帝国陸海軍が鬼畜米英に敗北した。

翌年、われわれは丸亀中学校に入学した。世の中はガラリと変わり、軍国主義は間違いで、日本国民は狂った軍部に騙され強いられて愚かで無謀な戦争に引きずり込まれたということになった。アメリカは鬼畜から自由民主主義の憧れの国となった。何年生のときだったか忘れたが、丸亀中学校（丸中）は丸亀高等女学校（丸女）と合併し、丸亀第一高等学校、ついで、丸亀高等学校（丸高）となった。その結果、われわれの学年は中学生から自動的に高校生となり、六年間、一緒に学校生活を送ることになった。われわれの学年が卒業後何十年経っても非常に親しいのは、そのためであろう。わたしも、現在、親しく付き合っているのは、大学時代の友人ではなく、丸高時代の友人である。

合併して丸高となる以前は、丸中の生徒は丸女の周辺の道を歩くのを禁止され、電車通学の女子生徒は学校の最寄りの停留所で乗降してよかったが、男子生徒は一つ前の停留所で乗降しなければならなかった。女子と男子が停留所で電車を待つ間、接するのを防ぐためであった。同じ理由で、女子と男子は電車の同じ車両に乗ってはならなかったが、男女共学になって、そのような馬鹿げた禁止は廃止され、一部の生徒はナンパ（男女交際）を始めた。もちろん、現在と違って、男女生徒がセックスするなんてことはとんでもないことで、せいぜいキスするぐらいが関の山であった。

いずれにせよ、戦後は混乱の時代で、善悪の基準がひっくり返り、それまで良いこととされていたことが無意味なことになり、いけないとされていたことがやっていいことになって、文部省も軍国主義教育はいけないということのほかは、戦後教育の方針は決まっていなかったらしく、現在のような細かい厳しい規則の指示はなく、教師たちも戸惑っていて、思い思いに自由に授業をしていたようである。戦争中と変わらず生徒を殴る教師がいたし、いかにも楽しそうに授業をする寛大で自由な教師もいた。授業をサボると叱る教師がいたが、叱らない教師もいた。生徒のポケットにいきなり手を突っ込んでタバコを見つけると一週間の謹慎を命ずる教師がいたし、親にバレると困るだろうと謹慎期間中その生徒を自宅に呼んで遊ばせていた教師もいた。生徒を旧制高校生と間違えたのか、英語のテキストを使って講義する（生物の）教師がいた。

わたしはよく授業をサボって丸亀城へ登り、草っ原に寝転んで空を見ていた。他の生徒を誘って「超人クラブ」というサークルを作り、超人なのだから、規則は無視してよいと勝手なことばかりしていたら、さすがに教師に解散を命じられた。同時に、授業はそっちのけで、弁論部、文芸部、新聞部、卓球部、柔道部に入り、部活をするために学校にきているようなところがあった。弁論部員は他校の弁論部員と高松で討論会を開催し、文芸部員は「埋れ火」という文芸誌を創刊し、新聞部員は発行する新聞に広告を出してくれるよう丸亀の商店街を頼み歩いた。卓球部員、柔道部員はときどき他流試合をしていた。そのほか、青年共産党員がいて、来年あたり共産革命が起こると言っていた。作家志望の生徒、難しげな哲学の本を読んでいる生徒、将棋や碁がべらぼうに強い生徒、アメリカが大好きな生徒、アメリカに負けたのが口惜しいと言う生徒、いろいろな面白い生徒がいた。

戦後社会の混乱と学校の自由な雰囲気のなかで、一定の守るべき正しい規範もなく、目指すべき一定の正しい理想もなく、教師も生徒もてんでんばらばらであったが、それがわたしには大いに幸いした。わたしは、この六年間の学校生活のなかで、小学生のときに叩き込まれた皇国史観から（ついでに唯物史観や東京裁判史観からも）解放され、個人的なことを言えば、幼いときに母親に叩き込まれたものの考え方からも解放され、独立した新しい自我を築く準備ができた。丸高を卒業後、わたしは、大学に進み、何やら学んだが、その影響は皆無に等しく、わたしの基本的な人生観、世界観は丸中丸高での青春時代に形成された。

（『亀城のほとり』二〇一二年十一月、丸亀高校同窓会）

ものぐさ老人日記

1　戻りたくない青春時代

青春時代は楽しかった、青春時代が懐かしいという人がいるらしいが、わたしは全然そう思わない。思い出してみると、人生がいくらか楽しくなり始めたのは四十歳ぐらいからで、今は七十半ばだが、それ以来は何とか曲がりなりにも面白おかしく暮らしてきている。

もし生まれ変わって人生を二度やれるのなら、〇歳から十二歳ぐらいまで過ごし、そのあと中年後期まですっ飛ばしたいところである。青春時代を繰り返すなんて真っ平ご免である。というのは、青春時代にはほとんど苦い思い出しかないからである。

もちろん、楽しかったことも多々あるが、楽しくなかったことと比べると圧倒的に少ない。

「楽しくなかった」ぐらいならいいのだが、若気の至りだと許せるようなことでなく、遠い昔のことでも思い出すと「わっ」と叫びたくなるような自已嫌悪に駆られることがあれこれいっぱいある。

親子関係でも馬鹿なことばかりしていたし、とくに、わたしは非常にモテたがりのくせに現実には全然女の子にモテなくて、何とかモテようと悪あがきした記憶が鮮やかに残っていることが、青春時代を繰り返したくない第一の理由である。

青春時代を繰り返したくない第二の理由は、何をしたいかがわからず、また、何をすべきかもわからなかったからである。人生は虚しく無意味で限りなく退屈で時間を持て余していた。勉強や仕事など、しなければならないことはあったが、なぜしなければならないかがわからなかった。老年になると人生がつまらなくなるという人がいるらしいが、わたしの場合は、青春時代と比べてしたいことがあれこれあり、それができることが楽しく、一日が二十四時間以上あればいいのにと思うほどである。

とくに、定年になった今、しなければならないことが何もないことは最高の幸福である。もちろん、いいことばかりではないが、気にならないのも老年の特権である。

2　老いの不幸

秦の始皇帝が不老不死の薬を求めたという話があるから、不老不死は人間の大昔からの憧れだったであろうが、近ごろはとくにアンチエイジングというか、抗加齢の美容法とか医療とかがあるらしい。これほどまでに加齢に抵抗するこの情熱の背後には、老齢に対する極端な嫌悪と若さに対する極端な過大評価があると思われる。

江戸時代、老中というのは将軍直属の高級管理職、大老は最高位で、大奥の長は老女と呼ばれた。「老」は尊称だったのである。ところが、たぶん近代からであろうが、「老」は蔑称《べっしょう》になった。なぜか。

第一に、技術が一定していて、経験と熟練がものを言う近代以前なら、当然、職人は老人のほうが優れていたが、技術が日進月歩する近代では古い技術しか知らない老人は役に立たない。技術だけでなく、人生の教訓や世間の常識に関しても、伝統や慣例をよく知っている古老の知恵は貴重であったが、今や、世の中から外れた老いぼれのピント外れの繰り言、愚痴に過ぎない。

次に、人々が長生きになって老人が希少価値ではなくなったことがある。もし老人が何かの役に立つとしても、あまりにたくさんいるので、とくに尊重する必要がなく、それどころか、逆に邪魔になることが多い。昔は「孝行したいときには親はなし」と言われ、子が一人前に稼げるようになって余裕ができたときには親はすでにあの世に行っていたが、今や子自身が老いて弱っているのに親はまだ生きていることも珍しくなくなった。

もし若さのみに価値があり、老齢は無価値だとすると、誰でも歳を取るのだから、人生とは、日々、価値を失ってゆき、最後は無価値になって朽ち果てる過程であることになる。娘と姉妹に間違われて喜ぶ母親などが典型であるが、若さを求めてアンチエイジングにあせりあがく現代人は、みんな、このような虚しく惨めで耐え難く不幸な人生を送っているのである。

3 人生を楽しむ

若さが称えられ、老齢が嫌われるようになった理由には、この前に挙げた理由のほかに、人生の目的は生活を楽しむことにあると考えられるようになったことがある。

若ければ若いほど丈夫で元気があるからいろいろ楽しいことは多いし、将来も希望がある。しかし、歳を取れば取るほど、楽しむ力は衰え、希望は萎《しぼ》んでゆく。死はすべてが無に帰す終点である。人生の目的が何らかの役割を果たすことであれば、役割を果たせないことが恐怖であって、若いか歳を取っているかは、役割を果たせたかどうかにあまり関係がないから、ほとんど気にならないであろう。

「人の一生は重き荷を負うて遠き道をゆくがごとし」と信じる人にとっては、人生は成果を積み重ねることであって、年老いて人生の終りに近づいたとき、重い荷をどれほど遠くに運び、どれほど成果を積み重ねたかが問題で、自分が積み重ねた成果を顧みて誇りをもてれば、満足できるであろう。ところが、人生とは楽しむことだと思っている人にとっては、快楽というものは味わった瞬間に跡形もなく消え去るから、人生に何の積み重ねもなく、何をしようが役割を果たした満足感はない。

しかし、何らかの役割を果たすことが、人生の目的であるためには、その目的の価値を裏づけ支える神、国家、正義、家などの何らかの永続的価値が必要である。重い荷を遠くに運ぶことが何らかの永続的価値につながっていることが必要である。ところが、これらの価値のために戦争が繰り返され、あまりにも悲惨な結果を招き、また、そのために個人があまりにもないがしろにされてきた歴史があり、現代では、これらの価値は色褪せてしまった。そこで、快楽が人生の目的として登場してきたわけである。

その結果、個人はある意味で自由になったが、人生は虚しくなった。自由で楽しくて、かつ、価値ある人生というものはないらしい。

4　死の恐怖

歳を重ねれば重ねるほど、死ぬ日が近づいてくるわけだから、死の恐怖は強くなるのではないかと常識的には考えられるが、わたしの場合は逆であった。

中学生のころ、死がやたらに怖かった。どういうわけか、森羅万象の未来は厳密に決定されていて、世界には偶然というものはなく、偶然と見えるものは必然的因果関係を知らない者の錯覚に過ぎず、わたしが死ぬ日、死ぬ時もすでに決まっているという観念に取り憑かれていて、今、一秒過ぎれば死ぬ時に一秒近づいたと思って恐怖におののいていた。

そして、十九歳のとき蜘蛛膜下出血になり、命は助かったものの、医者に三分の一の確率で死んでいた、再発の危険がないではないと言われ、それからは、三十歳前には死ぬのではないかと思い、三十歳を過ぎると四十歳前には死ぬのではないかと思い、いつも頭の隅に死の恐怖があった。ところが、いつごろからとははっきり覚えていないが、老いるにつれて死の恐怖は薄れてきて、現在、七十数歳であるが、もちろん死の恐怖がないわけではないが、若いころと比べるとずいぶん弱い。

そこで、死はなぜ怖いのかと考えたのであるが、要するに、死の恐怖とは世界との繋がりを失う恐怖ではないかという気がしている。

昔、わたしを育ててくれた母はわたしが家業を継ぐものと決め込んでいた。家業を継ぐことが世界におけるわたしの役割であった。わたしはこの役割をどうしても引き受ける気になれなかった。かと言って、他にしたいことがあるのでもなかった。すなわち、わたしは世界と繋がっておらず、世界にわたしの居場所がなかった。このことが若いころの強烈な死の恐怖の原因だったのではないか。

その後、わたしは自分が納得できるある社会的役割を得た。そのことによって、世界と繋がったため、死の恐怖が薄れてきたのではないかと思われる。

5　人はなぜ変わらないのか

老齢になると、深いか浅いか長いか短いかは別として、子供のときから、青年のときから、大人になってから無数の人たちとかかわりをもってきている。そのあげくに思うのは、人の性格というか性質は変わらないものだということである。いつまで経っても、やさしい人はやさしいし、意地悪な人は意地悪だし、まじめな人はまじめだし、けちな人はけちだし、気が弱い人は気が弱いし、図々しい人は図々しいし、馬鹿は死ななきゃ直らないというが、やさしさ、意地悪、まじめ、けち、気の弱さ、図々しさという性質も死ななきゃ直らないらしい。

昔、つき合っていた人とまたつき合うようになり、ふと図々しいことをされて、あっ、この人は図々しい人だったと忘れていた昔のことを思い出したりする。これはなぜであろうか。ある方向に運動している物体は何らかの他の力が加わらない限り、永久にその方向に運動し続けるというニュートン物理学の慣性の法則に人間も支配されていて、遺伝のせいか環境のゆえかは知らないが、いったんある性質が形成されると、他からよほど大きな力が加わらない限り、その性質を持ち続けるのであろうか。

しかし、人間を物体と同じ法則で説明するのはいささか失礼である。人間は自由であり、いろいろな状況において主体的に判断して行動を選択することができるはずである。ある行動が、間違っていたと気づけば、改めることができるはずである。

たとえば、世の中では、図々しいことをすれば大いに得をすることがあり、逆に、人に嫌われたりして損をすることもあるが、図々しい人とは、とくに前者の経験を強く知覚し、後者の経験にはあまり気づかないような知覚構造を持っている人で、そのため、人生経験を積めば積むほど、自由な「主体的判断」に基づいて図々しく生きるのが正しいとの確信を深くし、ますます図々しくなるのではなかろうか。

6　老いの否認

この前、かつて「老」は尊称であったが、今や蔑称になったという話をしたが、先般、医療に関して七十五歳以上を後期高齢者と呼ぶのは老人の気持ちを傷つけるとの非難が起こり、後期高齢者医療を長寿医療とかに言い換えるとか言い換えないとかが問題になったのも、このことと関係がありそうである。

わたしは七十五歳で、当局の定義に従えば、後期高齢者なのだが、日本人の平均寿命が男は七十九歳を、女は八十五歳を超えている現在、七十五歳以上を後期高齢者と呼ぶのは適切な呼び方で、別に失礼でも何でもないと思うのであるが、それが反発を買うのは、やはり、後期高齢者が自分を後期高齢者だと思いたくないからであろう。

七十歳とか七十五歳以上の老人が運転する車にもみじマークをつけることを義務化するとか任意にするとかで揉めているらしいが、それも同じようなことなのであろう。

もみじマークがついていれば、他の運転者たちは、老人が運転していることがわかり、気をつけるであろうから、高齢の運転者にとってもいいことなのではないかと思うが、もみじマークをつけていて老人と見られるのが嫌なのであろう。老人が老人であることをわきまえて慎重に運転すれば、非常に多いので問題になっている老人の交通事故もかなり減るのではないかと思うのであるが、どうであろうか。

いわゆる振り込め詐欺にひっかかるのはほとんど老人であるが、これも老人が老人であることを否認し、まだ若いつもりであることも一因ではなかろうか。老いれば運動能力だけでなく判断力も記憶力も鈍るものであって、老人であるとの自覚があれば、変な電話がかかってくれば誰かに相談するであろうが、自分は大丈夫だと思っているので、自分だけの判断で振り込むのであろう。

いずれにせよ、老人であることを否認する老人は、自他に多大の被害をもたらしているように思う。

7　遺書

昔の人は、ある程度の年齢になると、遺書を書いたし、死に臨んで辞世の歌を詠んだりしたが、今の人がそういうことをほとんどしなくなったのも、死に直面するのが怖く、死を自分とはかかわりのないどこかあっちのほうへ追いやりたがっているからであろう。

遺族はともすれば遺産をめぐって対立するものであるが、遺書があれば、遺族のそれぞれは多かれ少なかれ不満があっても、よほどのことがない限り、死者の意向には逆らえないので、たいていはそれでまとまることになる。もちろん、世の中はがめついエゴイストばかりではないから、遺書がなくても言い争いになるとは限らないが、しばしば、遺書がないためにいたずらに醜いいがみ合いを招いたり、明らかに不合理な結果になったりする。

たとえば、ある人が死んだとき、死者と長年、一緒に暮らし献身的に世話をしてきた人には、戸籍上、無関係な他人だったというだけで何も残されていなくて、もう何十年も音信不通だった血縁者に全遺産が相続されたりする。死者が自分の死のこと、自分が死んだあとのことを考えるのが怖く、死から眼を逸らして先延ばししていた臆病者、卑怯者だったために、死者を世話した人は長年の献身が何ら報われることなく、無一文で放り出されたのである。

死の美学が滅びたことも今の人が昔の人よりも死を怖がるようになった一因かもしれない。あるいは、死を怖がるようになったから死の美学が滅びたのかもしれない。

昔の人は見苦しい死にざまを見せて軽侮されることを恐れ、潔く美しく死ぬことを心掛けたが、今の人は死があまりにも怖いので、死から逃げようとするだけで、美しく死のうとする余裕も、残される人々のことを配慮する余裕もなく、遺書を書くどころではないのであろうか。

8 東京は変わる

十八歳の春、高校を卒業して早稲田大学に入学し、四国の田舎から出てきて東京に住むことになった。あれやこれやで、三十三歳まで学生であったが、十五年間の学生時代、東京では十数回、引っ越しをした。

最初に住んだのは武蔵野市吉祥寺の平屋で、下宿代が一ヶ月四千八百円と米五升、朝夕二食付きであった。米五升というのは、当時（昭和二十七年）は米が配給制だったからである。賄い付きの下宿はここだけでそれ以後は、すべてアパートであった。全部は思い出せないが、吉祥寺のほかには、目黒区高木町、新宿区柏木町、巣鴨刑務所の高い塀のすぐ下の公務員宿舎、早稲田大学の近辺で三ヶ所（それぞれ、三畳、四畳半、六畳の一部屋であった）、国分寺町（現、国分寺市）などに住んだ。

二、三年前のある暇なとき、歳を取ったせいか、昔住んでいたところが懐かしくなって、訪ねてみようと思い立った。まず、吉祥寺の下宿を探した。この下宿はＪＲ（当時は国鉄）中央線と五日市街道が交差する点の近くの米屋の角を曲がって少し入ったところにあったが、その米屋が見つからなかった。当時の番地を記憶していたが、住所表示が変わっていて、それらしい路地を歩き回ったが、ついに、わからなかった。

目黒区高木町のアパートは目黒線（当時は目蒲線）の西小山駅から東京工業大学へと通じる道の脇にあったが、駅周辺の情景が全然違っていて、その道そのものが見つからなかった。新宿区柏木町は西新宿と町名が変わったらしく、柏木町のアパートも見つからなかった。巣鴨刑務所はなくなって跡地に高層のサンシャインビルが建っていた。早稲田大学近くの三つのアパートは三つともなくなっていた。野原の中に建っていた国分寺町のアパートは辛うじて見つかったが、野原は消えて周りにいっぱいアパートが犇《ひし》めいていた。

パリを歩くには百年前の地図で少しも困らないというが、東京はめまぐるしく変わる。

9　隠居

晩節を全うするとか穢《けが》すとかの言い方がある。英雄や偉人に、もう少し早く死んでいれば晩節を穢さずに済み、偉大なことを成し遂げた立派な人であったと、末代まで尊敬されたはずなのに、輝かしい生涯の最後の最後に愚行を犯してせっかくの名声を傷つけてしまう者がいる。たとえば、豊臣秀吉やヒトラーや毛沢東などである。

秀吉は、織田信長に仕えているうちにその才覚を認められて抜擢《ばってき》され、信長の死後、次々とライバルを倒し、トップの座に登りつめる。その情勢判断や戦略は的確で、だからこそ全国統一に成功したのだが、どうしたことか、晩年に狂い始める。

秀吉は、一五九二年、明の征服を企てて朝鮮に出兵し、失敗する。その三年後、甥の秀次の謀反を疑って切腹させ、その二年後、再び朝鮮に出兵し、その途中、死ぬ。彼の晩年の行動は、彼に対する有力武将たちの信望と支持を失わせ、豊臣家の滅亡の遠因になったのではないかと思われる。

革命を成功させ、中華人民共和国を樹立したのは毛沢東の功績であるが、彼の指示で遂行された一九五八年からの大躍進、一九六六年から七六年の彼の死までの文化大革命は、まさに愚行としか言いようがない。彼におだてられた若い紅衛兵たちは、旧文化をぶち壊すと称して有能な学者や芸術家や官僚に三角帽子を被《かぶ》せて街中を引き回し、寺院を倒壊させ、仏典を焼き捨てた。大躍進と文化大革命のために文化は後退し、経済や農業や工業も破壊された。その結果、何千万人かの死者が出たと言われる。

もし、秀吉が朝鮮出兵以前に、ヒトラーがポーランド侵入以前に、毛沢東が大躍進、遅くとも文化大革命以前に脳出血か心臓麻痺で死んでいれば、何万、何百万、何千万の人が死なずに済んだかもしれない。こういうことを考えれば、ある年齢になれば、息子か誰かに家督を譲り家政に口出ししないことになっていた昔の日本の隠居制度は実に賢明な制度であったと言えよう。

10　盆暮れ麻雀

早稲田大学の大学院で就職もなく暇でゴロゴロしていた二十代のころ、心理学教室の麻雀好きの運中がときどき集まって麻雀を打つようになった。いつの間にか、同じ顔触れになった。仲間は七人いた。七人いれば、全員が集まらなくても麻雀は打てる。われわれは、年に数回、酒を飲み、くだらないことをしゃべりながら、麻雀を打つのが慣例となった。

歳月は流れて、仲間のある者はそれぞれ早稲田大学、拓殖大学、和光大学の教員になり、ある者は家庭裁判所、ある者は児童相談所に勤め、ある者は受験塾を開き、ある者は家業を継いだ。早稲田大学の教員になった一人を除き、みんな心理学教室から離れてバラバラになったが、どういうわけか、この慣例は続き、誰かの家か勤め先で年に二回、盆と暮れに麻雀会を開くことになり、この会を「盆暮れ麻雀」と称した。

レートは千点五十円というけちくさいレートで、貨幣価値が下がってもずっと変わらなかった。そのうち、結婚して子供が生まれたりすると、その者の家では麻雀は打ちづらくなり、もっぱら「盆暮れ麻雀」は子供がいないわが家でということになった。驚くなかれ、それが何十年か続いた。

十数年前に児童相談所員が蜘蛛膜下出血で亡くなったが、まだ六人残っていたので「盆暮れ麻雀」の継続には差し支えなかった。ところが、十年前に拓殖大学教員が癌で亡くなり、六年前に家庭裁判所員が亡くなり、残りは四人になった。それでも何年か続いたが、四人になると、交代して休むことができず、四人が打ち続けなければならないので、もう老人のわれわれにはいささか辛《つら》いということで、昨年、四人は「盆暮れ麻雀」に終止符を打つことを決定した。

そして、最後に「盆暮れ麻雀」お別れパーティを開いてケリをつけようということになって、湯河原のある温泉旅館の麻雀部屋を借りきり、夜更けまで打ち続けた。これが人生最後の麻雀であろうとわれわれは語り合った。

（共同通信扱い、二〇〇九年一月〜二月）

わたしの死亡記事

岸田秀（きしだしゅう）、一九三三（昭和八）年十二月二十五日、香川県善通寺市生まれ。五二年丸亀高校卒業、五六年早稲田大学文学部卒業、五九年同大学大学院修士課程修了。七二年和光大学助教授、七六年同大学教授、二〇〇四年同大学定年退職。二〇一三年自宅の階段より落ちて死亡。著書『ものぐさ精神分析』三部作、『幻想の未来』『フロイドを読む』『嫉妬の時代』『官僚病の起源』『母親幻想』『二十世紀を精神分析する』『日本がアメリカを赦す日』『一神教vs多神教』など多数。他に対談集十数冊、英独仏西の訳書三十数冊。人生訓「失敗は失敗の元」、「明日でも良いことは今日するな」。

氏はノーベル賞を受賞し、「ダイナマイトごときものを発明した奴がつくった賞など受けられるか！」と啖呵を切って受賞を拒絶するのが生涯の夢であったが、そもそも受賞しなかったので拒絶できず、この夢は実現しなかった。

氏は心理学、精神分析関係の外国文献の翻訳者としていくらか知られていたものの、四十歳過ぎまで自ら何も書いたことはなかったが、七〇年代後半に突如「人間は本能の壊れた動物である」「すべては幻想である」と主張し始め、おのれの理論を「唯幻論」と称し、処女作『ものぐさ精神分析』を公刊した。その説くところは単純明快で、要するに、国家も幻想、時間も幻想、恋愛も性欲も幻想、自我も幻想、何でも幻想ということであったが、どういうわけか、世間に広く受け容れられ、『ものぐさ精神分析』はたちまちベストセラーになった。

すべては幻想であるという唯幻論は、何も深遠なことは言っておらず、氏自身の体験を理論化したものに過ぎなかった。すなわち氏は、息子の氏を溺愛し、おのれの世界に取り込んで支配しようとする母親に育てられ、そのため、思春期に強迫神経症になったが、それから脱出しようとあがいているうちに、精神分析を知り、精神分析にもとづく自己分析を進めた。その結果、氏は、世にまれなほど深く自分を愛してくれていると思っていた母親が実はそうではなかったこと、すなわち母の愛は幻想であったことを知ったのであった。それから、氏が国民学校六年生のときが敗戦であるが、それまで氏は、米英は残忍卑劣な鬼畜であり、わが大日本帝国は正義のために戦う神の国であるという教育を受けていたが、敗戦ですべては逆転し、アメリカは正しい自由と民主主義の国で、日本は犯罪的な侵略国家ということになり、何が何やらわからず、神国日本も自由と民主主義のアメリカもどちらもうさん臭くいかがわしく思えてきて、これまた幻想に過ぎないと深く確信するに至った。

氏の同級生によると、氏は高校生の頃から「幻想だ、幻想だ」と口癖のようにわめいていたとのことであるが、氏自身は、すべては幻想であるというのはありふれた常識的見解であって、ずっと長いあいだ、取り立てて主張するほどのことではないと思っていたようである。しかし、氏と付き合いのあったある評論家が氏のしゃべっていることを聞いて面白いと思い、それを文章に書くように氏に勧めて出来あがったのが『ものぐさ精神分析』であった。氏は、なぜこのようなありふれた見解が一部の者のあいだにせよ、もてはやされるのかを、死ぬまで理解できなかったようである。しかし、唯幻論はいまさら取り立ててもてはやすまでもないありふれた常識的見解になっている。そのため、今や国語辞典の哲学用語として、「唯物論」が削除され、その代わりに「唯幻論」が採択されている。

(『文藝春秋』編集部が二〇〇〇年にいろいろな人に自分が死んだ時に出ると想像される死亡記事を書くよう依頼したが、それに応じてわたしが書いた死亡記事)

あとがき

わたしが処女作というか、最初の本を出したのは、四十四歳のとき、一九七七年のことで、「ものぐさ精神分析」というタイトルであった。それまでは、英語の本、フランス語の本の訳書を何冊か出したことがあるだけで、自分で何か文章を書いてどこかに発表したことはなかった。最初の本に「ものぐさ精神分析」というタイトルをつけたのは、この本が内容的に精神分析とは無関係ではないにしても、権威ある学術書として精神分析の著書と称することができるというようなしろものではなく、全体として一貫しているわけではなく、その折その折にその場で思いついた雑感を気紛れに書いて適当に集めたものだったからである。

なぜ「ものぐさ」かと言えば、わたしがある一定の目的、テーマ、主張をもち、そのために必要な資料を探し出し、深く考え、計画的に筋道が通った本を書くということが想像しただけでもえらく面倒なようで、やる気がしないからである。わたしにはそういう体系的な本はない。しかし、どういうわけか、何か書きたいことは書きたいのである。そこで、何の用意もなく何か書こうとするものだから、なかなか書くことが浮かんでこず、長時間、机の前に座ってじっとしていることが多い。一行書いては休み、一行書いては休むので、したがって、きわめて遅筆である。

世の中には頭の中にいろいろなことが次から次へと浮かんできて一気呵成に一日に何十枚もの原稿を書く人もいるらしいが、わたしにはそういうことはない。なぜかなかなかわからなかったが、あるとき、母との関係に原因があるのではないかと気づいた。書くことに内的な禁止があるらしいのである。それに気がつくと、昔のいろいろなことが思い出されてきた。

中学三年生のとき、狂ったように英語を勉強しはじめた。自分でもなぜだかわからず、何としてでも英語の本が読みたくなった。英語のこの本をというのではなく、とにかく英語という言語が読みたかった。英語の学習書を枕元においていて、夜は寝るまで読み、朝起きると早速読み、トイレにはまだ覚えていない英単語を記した紙が張ってあり、通学中の電車の中は言うに及ばず、学校で別の科目の授業中にも学習書を読んでいて教師に見つかって怒られたこともあった。まさに気違いじみていて、そのときは自覚はなかったが、明らかに強迫神経症の症状で、英語の学習をしていないと不安で耐えられないのであった。英語の学習をしなかった時間は無駄に過ぎてしまった無益な時間と感じられた。それほど集中して勉強すると、いくら馬鹿でも高校一年生になると、普通の英語の本ぐらいはほとんど辞書を引かないでも読めるようになった。

英語が読めるようになって、張り切って英語の本を読みはじめた。当時、占領軍が設置していた「アメリカ文化センター」から難しそうな本を借りてきて、学校で他の生徒たちに見せびらかしながら読んでいた。読む本の選び方が変であった。読みたい本、興味をもてそうな面白そうな本を選ぶのではなくて、哲学とか思想とか心理学とか文化人類学とかの学問的な「有益な」本を選ぶのである。そういう本しか選んではいけないのである。当然、その種の本はよくわからないし、少しも面白くなかったのだが、これは「有益な」本だから、読まなければならないという強迫観念があって、読むのを止めることができなかった。説明するのは難しいが、強迫観念には抵抗できない。何と言ったらいいか、強迫観念に逆らおうとすると胸苦しくなるというか、耐え難く不安になるというか、金縛りになるというか。

ところが、その状態がしばらく続くと、どういうわけか、突然、ある日から、さきの症状とはまったく逆の強迫神経症の症状が出てきた。難しい英語の本を読んではいけないという強迫観念である。この読書禁止の強迫観念は、はじめは難しい英語の本だけに向けられていたが、だんだんと範囲を広げ、難しい日本語の本も読んではいけないことになった。もちろん、日本語訳のギリシア・ローマの古典、有名な文学や哲学の本、知識人が読むような本、知識人なら当然読んでいなければならないような本、教養を高めるような本などが読んではいけないのであった。

他方では、その種の本を読まねばならない（「読まねばならない」のであって、「読みたい」のではない）との強迫観念も依然として強く、その逆の、読んではいけないとの強迫観念とが相剋して、わたしは、読まないでいると虚無の奈落の底に落ち行くかのような恐怖に襲われ、なぜ読んではいけないかが納得できず、そして、恐怖から逃れようとして、読もうとすると胸苦しくなって何も考えられなくなり、まさに、にっちもさっちもゆかないのであった。

そろそろ大学受験のために受験科目の勉強をしなければならなくなった頃、教養を高めるような本などを読んではいけないとの強迫観念はさらに広がって、受験科目の勉強もしてはいけないことになった。高校時代、受験勉強はずっと禁じられていた。これにはほとほと困ったが、いまさら英語の勉強をする必要はなかったし、受験とは関係なく歴史が好きで、雑多な知識を蓄えていたから、受験科目の少ない大学を選んでなんとか合格した。

さらに昔に返って、幼い頃の話をすると、わたしは暗算が得意で、周りの大人たちはよく足し算や掛け算の問題を出して、わたしに答えさせ、面白がっていた。父はそれを喜んで、人に自慢していた。ところが、母は無関心であった。学校にあがるようになって、わたしがいい成績を取ってきても無関心であった。もちろん、露骨に嫌な顔をしたことはないが、わたしが勉強ができるということが好ましくないようであった。

母はわたしに家業を継がせることしか念頭になく、それ以外のことにわたしが関心を向けることを恐れていたらしい。中学生のときのあの気違いじみた英語の学習は、母がわたしを閉じ込めようとした世界からの必死の逃亡の試みだったと解することができる。敗戦直後のことで、今や色褪せたが、当時のアメリカは眩しく輝く憧れの世界であって、中学生のわたしには、英語は母の世界から脱出し、憧れの世界への扉を開ける鍵と見えていたのであろう。知識と教養を高めるのに役立つらしい難しげな学問的な「有益な」本を、その内容には興味がなく、理解できないにもかかわらず、字面だけを追って無理やり読んだのも同じ目的だったであろう。もちろん、そのような「有益な」本をいくら読んだところで、「有益な」というのは気休めの錯覚に過ぎず、真の意味で知識と教養が高められるわけはなく、母の世界から逃亡するのに実際に役立つわけはなかったが、とにかくやみくもに「有益な」本を読まねばならなかった。

ところが、どういうきっかけからだったかは思い出せないが、さっき述べたように、ある日から、それら「有益な」ことはすべてやってはいけないことになったのである。この内的な禁止は、母の世界から逃げ出そうとするわたしの企てを阻止しようとする母の願望がわたしの心に内面化されたものと考えられる。しかし、そうではないかと気づいたのは、ずっとのちのことであって、当時は、なぜそれら「有益な」ことをしてはいけないのかさっぱりわからず、「有益な」ことをしないでいるのは不安で耐え難いので、「有益な」こと、たとえば、受験の参考書を開いて読もうとするのだが、読もうとすると、どう言ったらいいか、胸が重苦しくなって読むことができなくなるのであった。

要するに、「有益な」ことをしなければならないとの強迫観念と、「有益な」ことをしてはいけないとの強迫観念との葛藤は、母の世界から脱出したい欲望と、母の期待に従わねばならないとの義務感との葛藤の神経症的表現であった。実際には、「有益な」ことをしていないと、母に引きずられて自己を失う恐怖に襲われ、「有益な」ことをしようとすると、母を見捨てる罪悪感に責められたのであろうが、そのようには意識されていなくて、意識においては、原因も意味も不明な両立しない正反対の二つの強迫観念のあいだに引き裂かれて、囮の罠にかかった鳥のように、バタバタあがいているだけであった。

フロイトが説いているように、そして、わたし自身において如実に体験したことであるが、衝動、欲望、憎しみ、恐怖、不安、罪悪感などの心的要素は、無意識へと抑圧されて、その真の意味が隠蔽されると、神経症的症状、強迫観念となって歪められた形で意識に回帰してくる。したがって、本人には何のことやらさっぱりわけがわからないが、強迫観念はその真の意味が意識化され、言語化され、認識されると、強迫観念ではなくなる。「有益な」ことをしなければならない、してはいけないの葛藤は、抑圧されていたその背後の真の意味が自覚され、葛藤する両観念がともに意識の平面で比較検討されはじめると、解消されはじめる。

たとえば、「受験勉強をしてはいけない」という強迫観念は、受験勉強をして一流大学に入り、母を見捨てる足場を作ることを阻止しようとする観念であることが理解されれば、母を見捨てることが是か非かを現実的、具体的問題として検討できるようになるから、もはや強迫観念である必要はない。「母を見捨てる」かどうかの問題に意識においで直面することから逃げようとするから、この観念が抑圧されて、無意識の背後から本人が受験勉強をするのを禁止することになり、本人はなぜ受験勉強をしてはいけないのかわからないのである。本人がなぜなのかわからないのに強いられたり禁じられたりするから「強迫」観念なのである。

そのほか、わたしがこれまであちこちですでに説明したことがあるさまざまな神経症的症状、たとえば、実際にはお金を借りていない友人にお金を借りているとの強迫観念は、母への重苦しい負い目が抑圧されて、友人への少額の借金という気楽な形にすり替えられたものであり、また、わたしを馬鹿にして利用しようとしているだけの女に（そうと薄々気づいていながら）熱烈に惚れ込み、献身的に尽そうとする強迫行為（主観的にはそのつもりであるが、実際には大して尽すわけではない）は、かつての母に対するわたしの両極端に分裂した矛盾した態度（この母のためにはすべてを犠牲にして尽さなければならないと思っていながら、現実には母から遠ざかろうとする）の反復強迫であり、要するに、思春期、青年期にわたしに取り憑いていたさまざまな神経症的症状はすべて、母との関係における葛藤に起因していると考えられる。本書の「ものぐさ老人日記」に、「青春時代を繰り返すのは真っ平ご免である」と書いてあるが、そのわけは、わたしの青春時代は神経症的症状に振り回されて、あまり楽しくなかった時代だったからである。

そして、この「あとがき」のはじめに記したように、わたしには「全体として一貫したテーマで書いた本がなく、「その折その折にその場で思いついた雑感を気紛れに書いた」雑文を「適当に集めた」本しかないのも、同じ原因であろう。かつて「教養を高めるのに役立つ難しそうな有益な本」を読むことを禁止した強迫観念が、その後もいくらか残っていて、一貫したテーマを追及した本を書く根気をもつことが妨げられているらしい。

わたしはあまり頭が悪いほうではないと思うが、「自分は頭が悪い」という観念が根強くあって、論文を書いたり、講演をしたりするときの妨げになる。自分が考えることに心のどこかで自信がもてず、とんでもない的外れのことを考えているのではないかとの疑念につきまとわれる。したがって、何か考えるためには、そういう疑念の妨害のスキを突かなければならず、「こう考えていいのだ」と自分に言い聞かせていなければならない。そういう言葉ではっきり言われた記憶はないが、この観念はわたしが逃げるのを防ごうとした母から植えつけられたのではないかと思われる。幼いときに植えつけられた観念は、その後いくら現実に反証されても、消えないらしい。

日本軍の負け戦さの話を聞いたり、日本兵の死体の写真を見たりすると、抑鬱状態に陥ったのは日本人として何ら変なことではないであろうが、母との関係と絡んでいるのではないかとも考えられる。しかし、この問題については、日本の歴史、世界の歴史ともつながる問題として、すでにあちこちで論じたことがあるので、ここでは繰り返さない。

ところで、話題を変えて、神経症的症状と関係があるかどうかわからないが、末期高齢者になった今から顧みると、昔は、なんであんなことをしたのであろうかとよくわからないような変なこと、馬鹿げたこと、身勝手なことをいっぱいやっていた。

学生時代、下宿を出て、次の下宿を見つけるまでの三ヶ月間ぐらい、夏の東京で無宿を続けたことがあった。友人の下宿に泊めてもらったり、たまたま飲み屋で一緒になった見知らぬ男に頼んで泊めてもらったり、公園や駅のベンチで寝たり、終夜営業の店で徹夜したりした。親には友人の下宿にいることにして、送金してもらっていた。何のためにそんなことをしたのかよくわからない。その頃のことであるが、友人と喫茶店の灰皿を盗む競争をして、店員に追っかけられたことがある。

そのほか、あえてわざわざ、世間の良識に反するとか、友人への信義を裏切るとか、約束を破るとか、本当は嫌で嫌で絶対にやりたくないことを内的抵抗を押し切って無理やり決行するというような馬鹿げたことをよくやっていた。今思うとどうしてそのようなことをしたのかと恥ずかしくて消え入りたいが、これも一種の強迫行為であった。母はわたしをえらく可愛がってくれたが、支配的でもあって、わたしに家業を継がせると決め込んでおり、そのためには、わたしの自我が邪魔になるので、潰そうとしていたと考えられる。そのような母のもとで、わたしは無批判に反射的に人の言いなりになってしまう卑屈で依存的で気が弱くだらしのない性格に育っていた。あるとき、わたしはこのような脆弱な自我ではダメだ、強い自我にしなければならないと思い込んだのであろう。それで、自分に鞭打ってあえて馬鹿げた行為に及んだのであろう。いくら何でもそれが馬鹿げていることは明らかであったが、なかなか止められないのであった。

そのようなことで自我が強くなるはずはなく、人を傷つけ、自分を傷つけただけであったが、自己分析が進んで神経症がいくらか治ってきたせいか、それとも、年を喰ってもう若くはなくなったせいか、ボケたせいか、わたしも、だんだんとトゲが取れて丸くなったようである。トゲが取れて丸くなると、必ずしも神経症のせいではないであろうが、昔は、自分がいかに身勝手で薄情だったかが思い出され、大して気に留めなかったことが気になりはじめる。

わが家に空気銃があった。わたしは、小学生の頃、それを使って木の枝に止まっている雀を撃ったりしていた。幸いなことに下手だったので、わたしが撃った空気銃の弾はめったに雀に当たらなかったが、それでも、何羽かは撃ち落としたような記憶がある。何も悪いことはしていない、ただ木の枝に止まっているだけの雀を何のために撃ち殺す必要があったのかと、高が雀のことであるが、今では、やはり雀に悪かったと思う。

わが家では、ベルという名前の雌の駄犬を飼っていた。ベルという名前は、見知らぬ客がくると吠えるので、呼び鈴の代わりになったからであろう。昔は、犬は放し飼いであった。中学生のときだったと思うが、真夜中にベルがわが家の玄関の戸を激しく引っ掻いた。父とわたしは目を覚まし、何事かと思って玄関の戸を開けると、ベルがわれわれに「ついてきてくれ」という身振りをする。ついてゆくと、二、三百メートルほど先にあった肥溜めにベルが産んだばかりの二、三匹の子犬が落っこちてあがいていた。虫捕りの網でもあれば、簡単に引き上げられるのだが、子犬を救うためには屈んで肥溜めに手を入れなければならなかった。父もわたしもその気になれなかった。われわれが子犬を見捨てて帰ろうとしたときのベルの恨めしそうな、悲しそうな目が記憶に残っている。玄関の戸を引っ掻いたとき、ベルは人間なら子犬を助けられると判断していたに違いない。肥溜めに手を突っ込むぐらいのことはしてやればよかったと思って、今もいささか後ろめたい。

以上は雀と犬のことであるが、もちろん、人間に関してはなおさら、わたしには後ろめたいことがいろいろある。

母に関して言えば、幼い頃、世の中にこれほどいい母親はめったにいないと慕っていたような気がするが、青年期には、たたき殺してやりたいほど母を憎み、そして、今は、母にはいろいろ同情すべき事情があったことがわかり、あんなに憎むこともなかったとは思っているが、母を憎んだ自分をそれほど悔いているわけでもない。

父は悪い人ではなく、暴力を振るうことはなく、博打は打たないし、放蕩もしないものの、恰幅はいいが、だらしのない無責任な頼りない男であった。母がわたしを過度に頼りにせざるを得なかったのは、父のせいだったと言える。しかし、父は直接、わたしを苦しめるようなことも傷つけるようなこともしたことはなく、わたしは父を尊敬はしていないが、悪く思ったことはなく、むしろ好きであった。父が危篤になって、わたしは東京から駆けつけたが、死に目には会えなかった。死ぬ前、父は周りに集まっていた大勢の人たちを、わたしの結婚披露宴に集まっていると錯覚して喜んでいたとのことである。父も母もわたしが結婚し、孫に囲まれた老後を夢見ていたであろうが、わたしが結婚なんか考えてもいないうちに亡くなってしまった。

父も母もいろいろ文句をつけたいところがある親ではあったが、わたしを育ててくれたことは事実で、それにもかかわらず、わたしは、親を見捨てて、親孝行に類したことはこれっぽっちもしたことがなく、今になると、親孝行のまねごとぐらいはしておいてもよかったのではないかと思わないでもない。

雀や犬のことはさておき、そして、父母のこともさておき、わたしは人々に対しても身勝手で薄情で無礼であった。

大学一年生のとき、体育の授業中、わたしは蜘蛛膜下出血になり、意識を失ったが、同じ授業を受けていた学生が近くの病院に送り込んでくれたらしい。その学生は病院に見舞いにきてくれた。わたしは彼が誰か知らなかったが、同じ授業を受けていたのだから、調べれば名前も住所もわかったはずである。わたしは調べもせず、命の恩人の彼に礼を言うこともなく、そのままになった。

蜘蛛膜下出血になると、三分の一は死亡し、三分の一は半身不随などの障害者となり、残りの三分の一が幸運にももとの体に戻るというようなことを担当の医者に言われたが、わたしは幸運な三分の一であった。しかし、当時は、母の支配から逃れようとしていて、また同時に、逃れられないのではないかと絶望的な気分になっていて、出血を起こしたのもひょっとしてこの気分にかかわりがあるかもしれないが、とくに死にたいとは思わなかったものの、死んでもいいような気がしていたのは確かで、自己正当化の口実かもしれないが、命の恩人の学生に礼を言わなかったのは、助けられたことを有り難く思っていなかったためかもしれない。いま思えば、ひどい忘恩行為であった。

医者によると、蜘蛛膜下出血の原因は脳動脈瘤の破裂で、手術をして脳動脈瘤を除去しないと再発の危険があり、しばらく酒は飲まないほうがいいとのことであったが、わたしは手術を受けずに勝手に退院し、退院したその日の夜、酒を飲んで脳動脈瘤がまた破裂するのなら、破裂してもいいという気になって、一人で新宿で酒をがぶ飲みして、いつの間にか意識を失い、意識を回復すると朝で、わたしは、大久保あたりの見知らぬ家の布団の中に寝ていた。その家の夫婦によると、夜、家の前の道に酔っ払いが眠っていたので、風邪でも引いたらいけないと家に入れて布団を敷いて寝かせたそうである。わたしは酔って新宿から大久保まで歩いて倒れてその場で眠ったらしい。夫婦は朝飯を作ってくれた。味噌汁まであった。

まだ昭和二十年代だったからであろうか、それとも、時代に関係ないのであろうか、信じ難いが、世の中には見知らぬ酔っ払いにそういうことをする人がいた。数日後、わたしは礼を言おうとその家を探したが、見つからず、夫婦には礼を言わないままになってしまった。熱心に探せば、その家は見つかったであろうが、わたしは熱心に探さなかった。

若い頃には、人に侮辱されたとか利用されたとか騙されたとか、友人にお金を貸して踏み倒されたとか、女に優しくしてやったのに振られたとか、自分が被害者の場合のほうが気にかかっていて腹を立てていたが、この歳になると、そのようなことに腹を立てていたことは忘れ、逆に、若い頃には大して気にしなかったこのような忘恩の振る舞いが思い出されて、心が痛む。自分がいかに多くの人を傷つけてきたか、自分がいかに多くの人のおかげを被っているか、その人たちをいかにないがしろにしてきたかが身に染みる。

忘恩の振る舞いだけでなく、自分が加害者だった場合のほうが気になってくる。かつて自分の「脆弱な」自我を「強い」自我にしようとして結果的に傷つけてしまった男の友人、女の友人、わたしがいじめた人や意地悪した人、わたしを頼ってきたのに冷たく拒否された人、そのほかいろいろな人たちに謝りたいような気になる。しかし、謝って済むものではなく、所詮、過去のことは取り返しがつかない。若い頃は、人が馬鹿なことをしているのが自ずと見えて、人を馬鹿にしていたが、今は、自分がいかに馬鹿であったか、あるかがよくわかってきた。いや、まだよくわかっていないであろう。

わたしは、七十歳になった二〇〇四年に『古希の雑考』を出し、そのときはこれが最後の雑文集だと思っていたが、二〇〇八年に『「哀しみ」という感情』を出し、その「あとがき」に「今度こそ正真正銘間違いなく本当に最後の雑文集になる確率が非常に大きいと思う」と書いている。しかし、その予想を裏切り、八十歳になって、またまたここに雑文集を出すことになってしまったが、まさに「今度こそ本当に最後の雑文集」であることは断定できる。最初の雑文集『ものぐさ精神分析』は青土社から出してもらったが、そのあといくつかの出版社に寄り道をして、この最後の雑文集が同じ青土社から出してもらえるのは何かの因縁であろう。ここで、昔のことをくどくど書いたのは、これが最後のチャンスだと思うからである。

この雑文集もあちこちの新聞や雑誌に書いた雑文を集めたものであるが、もとの文章に適当に訂正、削除、加筆してあり、タイトルを変更したのもある。

二〇一四年　四月八日

岸田　秀

絞り出し
ものぐさ精神分析

2014 年 5 月 20 日　第 1 刷印刷
2014 年 5 月 30 日　第 1 刷発行

著者——岸田 秀

発行人——清水一人
発行所——青土社
東京都千代田区神田神保町 1 − 29　市瀬ビル　〒 101 − 0051
電話　03 − 3291 − 9831（編集）、03 − 3294 − 7829（営業）
振替　00190 − 7 − 192955

印刷——ディグ
表紙印刷——方英社
製本——小泉製本

装幀——高麗隆彦

ISBN978 − 4 − 7917 − 6786 − 1　　Printed in Japan